讓生命潛能 帶你探索心靈世界的真．善．美
Life Potential Publishing Co. Ltd

神聖占星學

強化能量的煉金術

Astrology for Self Empowermen

Techiniques for Reclaiming your Sacred Pow

作者◆迺維．史卓思納 Dovid Strusiner

譯者◆張振林

推薦序——萬法唯心

每一世的人生，都是為了靈魂的進化與提升而來，佛家稱之謂「業」（karma）。人類從何處來？曾有科學家臆測是從海裡來，漸漸地發現並非如此！那麼究竟從哪裡來呢？於是有人推測從天上來……

其實，當人類了解地球在宇宙的演化，是融合著太陽系的演化，太陽系的演化是配合著本銀河系的演化，本銀河系的演化是融合著超銀河系，依此類推，直達無垠——虛空！

「虛空」非真無，乃實有！凡人不知，故害怕虛空——情感的虛空、財富的虛空、名利的虛空等等，造就了貪婪之心，這一切完全違背了「宇宙的道」。

宇宙的道是創造性的，是生生不息的。如何效法生生不息及創造性的道，簡而重要的關鍵在於，人類只要把握心中的「火」，亦稱「意識」，亦稱「神性」，亦稱「精神力」；而此「火」既是貫穿萬物、聯繫萬物的能量，無法用人類已知的語言文字來形容之，故中國古聖哲若子說：「玄之又玄，眾妙之門。」它是一項能為人類應用無限於創造的動能，而掌握它的主宰即是人類的「心」。

當人類能從物理性科學如天文學等的領域，轉化進入精神性科學如心理學、哲學，再類化進入星象學時，一切宇宙的道，即容易了然於胸了。故人類欲在寶瓶時代早日悟知，人類的生命與宇宙的生命是息息相關時，一切原本無知無明的混沌、晦暗、憂傷、貪婪、不滿等，皆將迎刃而解。

《神聖占星學》，堪稱駕凌一般泛泛內容的一盞明燈，所謂「泛泛內容」者，是指光之幌泛，似有光而瞧不清，彷佛讀書時燈光不足，造成效率不彰，甚者得近視眼；「明燈者」，效率彰顯，進者增益讀者的視野。

樂於為本書作序，乃基於浸育及推廣星象學十數年的些許經驗，發現台灣出版界終於有人願出版內容較詳盡、理論較確切的占星學資訊，實為有興趣研究者之福了。書中的內容深刻列示出禪宗最高心法——「萬法唯心」的真諦，讀者在閱讀時，萬不可以看小說的心態，一定要以參悟之心，將書中的內容比對自己的心（意識、神性、靈魂），否則是不容易找到自我成長的具體力量。

見證宇宙之道

大家都知道，天空的黃道被十二宮所分布，但是能深入了解每個星座，如牡羊座、金牛座、雙魚座等的精神意涵，少人知曉，前面曾提到，宇宙之道即是人心，西云：「As Above, So Below」，中國人言：「天人相應」。如何相應？當然是先了解黃道十二星座的基本意義，是如何架構成人類生活的殿堂，再者，千萬要理解，占星（象）學所倡導的並非宿命論，星星所提示的並非你是什麼?!而是告知人類該怎樣生存，雖然每個人因為誕生的時空不同，但其終極的目標、人生的目的是一樣的，此一樣的目的，非人人做同樣的事，因為人人的「業」不盡相同！

所謂人類每世要面臨的同一目的的生存之道，即是人人可以殊途同歸的享受真善美的人生，人類對真、善、美的追求是一致的，「宇宙之道」——真、善、美也。

除了十二星座外，人類生活的舞台亦被區分為十二星室，每個人在一生中，必經生老病死的洗禮，為了要演好人生的戲，我們一定要全力以赴，將劇本在表演前，牢記心中，否則一定會被「ＮＧ」，一般舞台上的演員可以ＮＧ，宇宙舞台中的人生不能ＮＧ。因此十二星室提示人類得金像獎的祕訣，一定要熟稔之。

本書具有三大特色：一、應用祈禱詞（肯定句）來幫助人類由內心意識引導，達成天人相應的效果。二、應用寶石、水晶的能量，實源自古老的亞特蘭提斯時代，根據天人相應之原則，宇宙萬物皆是相通的、相扶持的，故而能產生相乘的效果，讀者可細細體會之。三、觀想法的應用，符合了內在意象（images）的昇華祕訣。

相位（Aspect）是星象學中，掌握及運用星體能量的最大功能，要想了解及把握星體在黃道上運行，進出不同星座及星室時，所產生的影響力，務必要對諸多不同的度數，如0°、15°、30°、45°～180°等相位，具備理解及應用的才能，而本書似乎在篇幅上少了些深入的詮釋，希望讀者參考其他專論亦可。

綜言之，本書不僅是一本占星學的入門書，更是一本深刻翔實、助益生命昇華（包括身、心、靈魂轉化）的參考書，值得現代人具備之！

董惟森

- 資深星象學家，精通易經、古文明、神祕學、寶石。
- 成立宇宙覺知研究中心，致力推廣宇宙意識。
網址爲www.aaistars.org

推薦序——

活出靈魂潛力

李孟浩

自從新時代的心靈豐盛法則流行後，占星師開始不滿足於只當一位精確預測事件的分析師，而想要當一位療癒個案身心靈問題的治療師。

於是，占星師把每個人的出生星盤當成神聖的曼陀羅，希望能解讀出每個行星的心靈原型力量如何影響個案的身心靈進化方向。占星師也想透過心理分析和靈性治療的方式，激發個案的生命潛能，建立個案自我實現的決心，讓個案能夠完成自己的人生使命和心靈願景。

本書作者道維·史卓思納是紐西蘭新時代占星學的先驅，他指出傳統占星學太過左腦分析，只知道膚淺的性格分析和負面的預測宿命事件，卻忽略了星盤中最神聖的元素：靈魂潛力。因此，他大力推廣「神聖占星學」的運動，提供很多「強化自我潛能」的占星技巧，幫助我們找出自己出生星盤的神聖標記，活出自己靈魂發展的最高潛力。

他進一步指出透過占星學，重新獲得靈魂神聖力量的兩大要點：(1)透過外境流年（transit）和心境流年（progression）的原型意義，知道自己的生命歷程要面對什麼樣的轉變時機和重大考驗，就可做好內在療癒的心靈準備。(2)運用清明的自我覺知，處理潛意識的無助感。召喚行星原型的力量，改變潛意識負面的思緒和情緒，開啓全新的正面思考模式和情感力量。

他的潛能開發技巧有四種：肯定句、祈禱文、觀想和水晶能量。我最欣賞的部分是針對個人星盤的重大相位，設計自己的肯定句和祈禱文。我建議讀者特別注意自己星盤中土星的相位，針對土星的困難相位，設計一個肯定句和祈禱文，並且配合花精能量水，將會有不錯的效果。

比如說，你的土星和金星有困難相位的時候，你金星的人際親和力可能會被土星壓制，覺得自己不會被人欣賞和肯定，害怕自己被別人拒絕和拋棄。那你就可以針對這個現象，設計一個肯定句：「我可以把土星穩重成熟的能量，逐步融入金星愉悅交往的能量，成就一種全新品質的能量。那就是既謹慎又柔和的體貼態度和既成熟又知心的互動智慧。我的體貼態度和互動智慧將會受到別人的欣賞和肯定。」如果你唸這個肯定句的時候，配合適合的花精鼓舞心輪能量，就能提高心輪愉悅和歡樂的能量，來掃除內心的沉悶，也能加強內心轉變的勇氣，處理自己面對情感的畏縮態度。

近來國外的心理占星學有一個重要發展目標，那就是把占星學「認識你自己」和花精能量水「治療你自己」這兩項專業，做出一個較有體系的整合。這也是占星師成為治療師的重要步驟之一，把這個訊息和讀者分享。

李孟浩

- 東海哲學研究所碩士班畢業，過去研究心理學和佛學的整合，現在從事心理占星、塔羅和花精的專業教學。
- 「深度心理占星和塔羅」部落格 http://blog.webs-tv.net/leeastro
- 「心理分析、能量醫學與靈性修行」部落格 http://blog.yam.com/leeastro

目錄

推薦序——萬法唯心 ◎董惟森 I
推薦序——活出靈魂潛力 ◎李孟浩 VI
開場白 1
前　言 2
第一章　占星學的魔法 13
第二章　發現神聖的自我 25
第三章　整合自我潛能 33
第四章　十二星座運用法則 41
第五章　行星的力量 83
第六章　上升星座及宮位 115
第七章　相位：神聖的轉變 135
第八章　肯定句及祈禱文 151
第九章　星座及行星的觀想 189
第十章　相位及水晶能量轉化 201
第十一章　尋找出生圖中的重大課題 213
第十二章　打造自我改變計畫 223
結　語 233
詞　彙 235

開場白

從一開始，了無一物的黑暗之中，一道閃光，一切萬有，造夢者，編織咒語者，燦爛永恆的意識，我們的上帝、上主以及真實的父母——巨大的生命體現了絕對存在的至高狀態。

這道存在於世界的光明，一直就存在著，遍布無數展現的所有夢的循環——不論白天及晚上，在一呼一吸中，在我們二元世界中不斷變換著。

在絕對的覺知中，全知而永存的唯一，把聲音以及生命注入她內心的創造當中，透過她的創造，一切迷人幻象的力量，她製造了各式各樣的狀態及條件。

在完美的純樸之中，唯一發展出世上眾多複雜的關係，在這份複雜性當中，卻永遠留有一種天生的相互連繫、和諧與平衡。

從一開始她就知道那珍貴的創造需求的意義，以及對於愛與和諧的覺知，她賜予這個小小造夢者一個最神奇的魔法之夢。在天空創造了永恆、原型與象徵的語言。這份贈予小小造夢者最古老及美麗的禮物，現在被稱為黃道。

前言

鍊金術不外是透過火，把不純粹的物質變為純粹的一種藝術而已。

——巴拉塞爾士（Paracelsus）

在整個世界歷史當中，最強大以及令人振奮的靈性過渡時期，正降臨到我們身上，處身於這個前所未有的個人以及整個星球的進化期當中，各種新穎及耀目的靈性傳承，都正在被羅織進人類的意識及日常互動之內。我們生活當中最明確的要素就是意識。要在我們眞實身分的重生及重演中，促使一種新意識的開展，我們需要利用承襲自人類集體潛意識當中，最重要、最有創意以及最有靈性動力的原型。

作爲最古老及精深的原型結構——占星學，正處於復興的邊緣。要應付新時代的挑戰，占星學正轉型成爲一種發現自我的神聖藝術。它那從多個世紀以來已顯得呆滯及了無生氣的美麗語言中，正轉化爲一種活生生的煉金術象徵符號。這套象徵符號所表達的是心理——靈性層面的蛻變、重生以及整合，它能夠被用以重新界定我們作爲人類的意識及身分。

本書的核心主題，就是透過占星學中原型的應用，來自我發現、轉化及整合。要將這種整全的觀點，從較爲傳統的占星學應用中加以區別，我打造了「強化自我潛能占星學」（astrology of self-empowerment）一詞，以清晰簡明地描繪出一條著重在心理——療癒面向，以及出生圖中的內轉化潛能的占星學路徑。

當我們透過練習自我強化占星學，就我們內在最深層本質的原型模式做出調整時，我們也在活出一種眞實而正當的生命。我們成爲一種圓滿了意義、美感以及靈性意涵的神聖舞蹈的自願參與者。正當我們在跟天上界和諧地手舞足蹈的同時，我們亦見證了這種新占星學的誕生。一種新的心理療癒及自我發現的藝術，從星星的光芒中出現，神聖占星學（Sacred Astrology）於焉誕生。

靈魂煉金術

占星學中的原型是人類集體潛意識的一部分，它們蘊含心靈轉化力量的極大潛能。這些古老及原始的象徵符號，黃道十二星座以及各行星，籠罩著我們個人及集體靈性進化歷程的入門通道。智者們老早就看出人文或以個人爲中心的占星學，在自我展現以及自我啓動的過程當中，扮演了潛在的重要角色。

在經常僞裝成爲占星學的妄想性未來預測、空泛的個性分析，以及粗糙的報紙星座專欄背後，有一種極其重要及連貫性的象徵結構。這種象徵結構就是眞正的占星學，建基於黃道十二宮及行星的原型：原始及神話的象徵符號。它們在用做療癒的行爲上，或是理論層次的研究上，形成了占星藝術的基礎。

自我強化的占星學，著重於你是獨一無二的生命，帶著美麗的象徵在你的出生圖上的驚人可能性，並可以直接及無限地接通一個豐盛並且有智慧的宇宙，源源不絕地提供實行你最高命運的指引及資源。

依照這種觀點，你就像是無限的神聖生命的汪洋之中，整個存在片段中的一點一滴——你所感受到的內在及外在世界之間，並沒有固有差異的存在。引述第五章內容：

「你之所以在某個時間、某個地點出生，乃是因爲宇宙無所不包的和諧與智慧，指示你去完成當時某一特定的需要。這個特定時刻的需要，本身就包含了該需要的滿足，以及它本質上的靈性意義。這就是占星學對你而言最大的禮物——一種原型的生命模式，其中包含了特別爲你而設的本質上的人類意義。」

神聖占星學可以幫助你了解自己生命的目的，以及實踐你天賦的生命潛能。利用這些包括肯定句、召喚、水晶能量以及觀想等等古老的轉化心靈技巧，本書將會向你展露，如何改變早已清晰地象徵在你的出生圖當中，各種潛意識的行爲及制約的錯誤模式。這些模式會讓你不能全然呈現你生命中的各種可能性。但藉由有意識地參與這個轉化的過程，你將成爲一位共同創造者，一位在你自己靈性成長歷程中樂意及愉悅的參與者。

憑著意願以及自我意識的覺知，還有占星學中適當的自我激勵的技巧，你就能夠起步邁向最高的命運，這也是古老文獻中提及煉金術的意義。我們粗胚的人格所感受到的，在時間及空間的限制之中感到分離的生命，將被如魔法般轉變成爲永恆及無限的意識。神聖占星學乃是利用天上的共通象徵符號的眞正煉金術，如同聖杯，我們珍貴的心靈成分在其中被轉變成純淨靈魂的黃金。

占星學的復興

占星學正在現代人們的心中復興。在一個迫切需要更高的靈性以及整體意義的世界當中，占星學可以扮演非常特別的角色。這種來自天界的語言，深奧的象徵學，它最高和最純淨的形式，可以有助於我們找到更大的意義。這份意義來自於了解我們所在的位置，以及在宇宙秩序中的角色，來自對我們無分別的一體性及一種深層、發自內心的相互連結體認。

因此，對於占星學概念的了解，可以有助於發展出無私的愛與慈悲心，並讓我們對生命節奏及循環本質產生持續的洞見，從而增長耐性以及平衡，最後，當我們跟更高的自我同步時，平靜的感受將注入我們的生活中，使生活變得更爲協調與和平。

假如你眞心想在自我發現及整合的道路上前進，並讓內在的轉化自由地在生命中出現的話，以占星學整合自我潛能，並不會特別強調個性特質，以及事件導向與層次上的「你是誰」。重要的是，在情緒、心理以及靈性上「你能夠成爲誰」才是重點。透過此過程，你可以體現到出生圖上所象徵的潛能種子。

本書採用一種持續發展的觀點，其中有特定的練習、技巧以及療癒靜心，可協助我們實現出生的潛能，相較於一般占星學的應用，在本質與創新上皆有擴展。

實現你全部的潛能

透過占星學作自我發現及整合，暗示著一種靈性的生命態度。要活出有靈性的生命，需要超越純粹的個人，進入更高的意識狀態以及高峰經驗，當然它也可以意味著一種靈性力量的降臨。它進入並從我們體現出來，而這種力量，至少就象徵的層次而言，是從天界而來的。

以占星整合自我潛能，目標並不必然是個人的快樂，又或是私我欲望的滿足，而是藉有效的專注行動，讓我們更純粹、個人有更大整合以及更高的智慧。我們所領悟的智慧，會引領我們更深入地理解何謂完整的人，最終並讓我們體現本身神聖原型之美。在自我實現過程當中，這個吉祥的時刻，我們重獲神聖的力量，並成爲生命光明的純粹管道。

占星學在我們行星生命的進化過程中，注定要扮演重要的角色，不是因爲它的歷史悠久，又或是在每個世紀都曾被一些偉大的心靈研究及應用，也不是它讓人驚異及深奧的象徵語言，而是占星學的核心，在我們心靈重生的過程中，可以提供無比的助力。

靈性的道路

以占星學作自我整合，是一種靈性的生活態度，建基於一體、神聖和諧、無私的愛以及慈悲等概念，然而它並不神祕，當中並無隱藏的奧祕。它只是很簡單地在本質上以個人為中心的道路，我們尋求一種讓創造力、生命力、慈悲及關愛的互動自然且自發展現的一種生活方式。

由於它本質上的簡易，故不需要創造迂迴的靈性典範，或提及更高與無形層次的存在、祕密的入門儀式，或是師徒相傳的知識，而整合潛能的占星學亦沒有過度的科學化或技術性，但因此，一些占星學家會因為它的抽象及非科學化而捨棄這種觀點。

意識的力量

依照多個世紀以來古老的靈性教導，以及近代物理學的說法，我們不只在一個神聖生活及心念能量的動態網路上相互關連，更令人驚異的是，個人的思考過程也像是與造成整個宇宙的基本物質一致，這個不可思議的眞理，在好幾個世紀以前，就被古代的印度智者所發現了。這些有智慧及自我實現的人們，把心念的能量稱爲「chitta」，他們明確地聲稱，不論我們有意識當中抱持任何念頭，假如每天以強烈的情緒滋長它們，早晚會在我們的生命中體現的，強大的念力流可以在物質上有所展現。

假如我們希望透過神聖占星學（或是其他的技巧）改變自己的生命，我們必須改變無時無刻都烙印在意識的念頭及情緒的本質。要改變情境，必須先徹底扭轉自己的意識。

某些念頭展現的速度是很驚人的。想法是現實的基礎，當我們的意識被新穎有活力的念頭，以及純淨的情緒所取代時，它就會變得如同內心的發電機一般，點燃我們的創意生活以及展現豐盛的能力。

想法及感受則是生命的基礎，我們以它們的純粹、清明以及力量，編織看似分離的存在。透過檢視出生圖，它與想法及感受之間的同步性關係，會變得清晰，出生圖是一份清晰及簡要的地圖，指出意識當中我們不斷抱持的想法及感受。正如古老的法則所指出，對於大部分的人而言，問題在於，心念就是現實的始作俑者。而利用意識及潛意識的力量，我們可以建構各種外在的現實，而達到一定程度的整合以及自我強化，我們需要從所創造的慣性模式中，分辨出各種情結或錯誤的心念，以及我們原始及永恆的眞我。

運用占星學來讓自己的潛能得以更充分地啓動，代表發展出一種跟上述慣性模式相對的自由、完整以及純淨的心。通常在過程當中，過去的生活方式可能會發生戲劇性的改變。這樣意味著，由於我們尋求成爲生命中一條更純粹的管道，早晚我們的意識將會發生革命性的調整，然後再發生在我們的生活方式之中。透過直接參與這個轉變的過程，我們可以完全實現出生圖中最高的潛能，獲得神聖的力量並彰顯最高的命運。

由於並不了解自己對於生命所擁有的想法以及力量，我們大都暫時地放棄自身超越了時間及空間天賦原型的神聖力量。不幸地，我們從未被教導過，我們自身跟思想、情緒以及生命的展現之間的基本關係，以及如何讓生命發生改變。因此，透過來自天界的古老象徵，我們可以重新聚合宇宙的力量，並在生命的旅程當中幫助我們。

當你開始利用黃道十二宮以及行星的原型，來改變及淨化過去生命的模式時，一些事件以及情境會在背後發生與支持你。切記宇宙智慧的愛一直都在支持及滋養你，這種神祕及偉大的智慧，有能力且一直讓所有的事物都變得有可能。

個人化的曼陀羅

每個人都有一種獨特的出生圖模式，那就是我們自己的出生圖曼陀羅。除了可以象徵我們最高的命運以及潛能之外，它還象徵在我們生命歷程當中很可能會遇上的問題、考驗、課題，以及尚未完成的事件等等。在最深的層次裡，我們全都面對著類似原型的戰役。要釋放所隱藏的潛能，讓自我啓動的過程發生的那把鑰匙，也就是過去幾千年以來一直被使用的同一把鑰匙。以占星學做自我啓動，其實早已是一條久遠的道路了。

我們生命當中的原型戰役也許大同小異，然而存在的展現——生命中特定的事件、情境、戲碼等，絕對是獨一無二的。在它們眞的發生在我們身上前，通常都是難以預測的，而且，就我們目前進化的發展而言，也是不可知的。內在轉化的過程可能要花上一輩子的努力及追尋，又或許可以在意識清晰的專注下找到，並快速地達成我們的心願。藉由適當的技巧、持續的努力，以及上帝的恩典，加速這種進化的過程是有可能的。

透過實際地應用自我強化的占星學，你可以逐步重獲自己神聖的力量，並展現個人最高的命運。在過程當中，你將自然地散發出，顯示在出生圖上所象徵的正面力量。本書所描述的占星技巧將告訴你如何達成這個目標。

第一章　占星學的魔法

要明白自己就是宇宙的縮影，太陽和月亮，如同其他星星就在你的內在。

——奧利金（Origen）

星空在每個晚上凝望著我們，它寧靜及持續的放射著和諧、美及意義的訊息，無形中傳遞了驚人的眞理——從古老的占星學當中發現的永恆眞理。最難以置信的其中一項眞理，就是在星空的事件以及我們生命的開展之間，存在著一種眞實及可觀察的平行對應。

占星學是一種古老及持久的原型結構——古老及持久得足以見證並經歷各個偉大文明的盛衰起伏，而原型則是因爲它在我們的集體無意識中根深柢固。占星學是一種深奧的神聖藝術，若以誠實、細心以及智慧等態度，將占星學作最高層次的應用，它可以幫助我們在看來混沌及讓人懼怕的環境中，更為明白其中的秩序、意義以及自我。

綜觀歷史，最有智慧的智者都曾經相信、研究、運用以及教授占星學，這些偉大的學者費上一生的時間來追求占星學的智慧及了解。柏拉圖、亞里斯多德、普羅提諾、托勒密、哥白尼、伽利略、第谷、克卜勒以及牛頓等，都使用占星學。埃及、印度、巴比倫、希臘、中國、日本、印加、迦勒底、西藏，都特別把占星學融入其文化當中。

占星學：把握時機

由於占星學涉及一些我們有限的心靈所不能窺探的概念、力量及象徵，因而讓現代科學無法證實或推翻它的有效性，而儘管我們百般嘗試，仍然未能明白占星學內在運作的方式。幸運的是，要正面地利用占星學，我們不必完全了解它是如何運作的。能夠利用占星學來獲得洞見、對秩序有些許體認，以及對於我們在生命的舞台中所處位置和所扮演的角色，有更深的了解，不就足夠了嗎？

除了對占星學如何運作不完全了解以外，許多人甚至很難對於甚麼是占星學得到一點概念。要了解占星學並不簡單，因爲就某些角度而言，它一直就像一杯混合了宗教、性靈、心理學、心理治療、哲學以及神祕學的雞尾酒。

弔詭的是，占星學乃是跟時間當中的某一點，超越時間的現實，事物的起點、終點及中間的過程，部分及整體，相對及絕對等有關。這些二分法可能會導致討論占星學時，產生的部分誤解與混淆，以及讓許多科學家不願認眞地檢視這門藝術。然而，在二十世紀所發生的事件中，還是有人在進行研究，所以想要讓科學界開始深入地研究占星學的概念，只是時間的問題。

占星學是一種在宇宙當中爲我們導航的嘗試，因此，它不大可能變成一門純科學。科學意圖在包括外太空的任何地點，尋找事實以及生命的終極知識，然而卻無法看到在我們心中的答案。要在次原子或是外太空當中尋找生命的意義，就等於忽略了最重要的地方——我們的意識。

另一個對占星學更爲開放及有更多探索造成阻礙的，在於對占星學的各種概念派系分歧。他們顚倒了一些對宇宙及我們本身定位的珍貴概念，因而，在當代學術及宗教界內關於占星學的所有討論，都把情緒放在很高的位置。

雖然，存在著上述的這些困難，而且缺乏主流科學的接受，然而占星學這條道路，仍然吸引了許多追隨者的加入。就最純粹的形式而言，這是一條有關於利用共同的象徵，來幫助及加速我們內在轉化過程的道路。

不論占星學究竟是以象徵、因果、同步性或是其他未知的方式運作，就我們在此所採用的觀點而言都不重要。我們的問題，不論是發生在身體、情緒、心理或是靈性的哪一個層次，不論是集體或是個人的，其解決的方法都不是在於科技或是理智的力量，而是在於我們對於不傷害他人、和諧以及無私的愛的表達能力之上。這正是占星學的力量所在。

透過其美麗及非凡的象徵語言——星星的密碼——占星學向我們述說著各種能量的整合，以及它們在我們生活中的位置。

假使想永遠改變人類命運（與一般所相信的相反，占星學的深層教誨其實既不鼓勵，亦不接受宿命論或決定論）的劇本的話，我們就必須轉化內在的生命。要達到這個目的，我們需要能夠讓個人及群體昇華的實際技巧，以造成意識的改變。最高層次的占星學，具有靈性及轉化性的力量，可以給與我們成爲超越凡人的能力。

原型

占星學以星座及行星原型的方式，給與我們自我發現及整合成長有力的工具。占星學的原型是人類共通的遺產。這些原始的形象載有及體現我們對於所生存的世界的各種概念。原型以神話及心靈烙印的方式，在人類歷史中一再出現。雖然遠比一般的象徵難以辨認，原型卻是指引及塑造我們生命背後能量的基本表達。

這些心靈力量的原型模式、象徵以及形象，皆以完全靜止、半休眠或是不定的狀態，潛藏在我們的意識之中。現在是讓占星學走出陰影，強而有力地把這個隱藏在我們個人及集體所面對的困難背後，關於宇宙秩序、和諧以及意義的訊息傳播出去的時候了。

占星學是因爲人類在看似充滿敵意及混亂的環境之中，對和諧及秩序的需要而誕生的，其所提供讓我們重獲力量的基本技巧，就如同這套象徵符號般古老。我們會繼續一趟心理及靈性的自我發現與重獲神聖力量的旅程，許多人所抱持的個人典範，在心理及情緒的僵化後，都已經變得非常頑固及扭曲，而神聖占星學可以幫助我們，提升、轉化及重塑那些讓人愈來愈衰弱的心理及情緒模式。

在開始這趟旅程，學習占星的原型以及自我發現、整合潛能的特定技巧前，先看看一個我們抱持的錯誤觀念。這個觀念就是，某件外在的事物或某人應該為我們生命的問題、夢想的落空或是我們的不足加以負責。也許我們會責怪父母、師長、伴侶、孩子，或是匱乏的童年背景，這些限制甚至可能是因為我們的行星位置所注定的。

超越時空

人類自然的傾向就是把責任指向他人，而不是自行負責或面對自我，而這卻是以占星學強化能量要做的事，去面對自我，並轉化限制我們體現所有可能性的情緒及心理能量。自我是我們內在的精華，不生不滅（與我們個性中的私我／本我相反）。這是永恆的「本我即是」，被形容為存在／智慧／極樂／絕對，而在強化能量的占星學中，要面對自我，必須先有所覺知，然後去除禁止我們體驗本身純粹及本有的全知全愛這種真正本質的障礙。面對自我及體現

（自我的）的轉化，聽起來雖然很簡單直接，卻很少有人眞的準備好去展現必備的誠實，並決心「走下去」。

象徵性的宇宙

二十世紀最偉大的心理學家之一，卡爾·榮格，在《太乙金華宗旨》（*The Secret of the Golden Flower*）一書的序言中指出：「在此刻出生或完成的，就帶有此刻的特質。」這種在某一瞬間的特質或能量，可以從星空的象徵——即是占星學的語言中得以破解。

人類世界充滿了各式各樣的象徵，象徵在無意識及本能的層次喚起我們的回應，它們結合了與邏輯或理性截然不同的心理及情緒連結。沒有了象徵符號，我們甚至不能彼此溝通，因爲語言就是大量象徵符號的複雜集合。然而，在現代以及所謂高度發展的時代中，許多人卻無視這種有史以來最古老、巨大以及壯麗的象徵符號，或認爲它並不重要，這就是星空的象徵符號。

現代人急切希望在心理的顯微鏡之下，可以將宇宙的奧祕打開並加以分析，然而正面臨的危機卻是——失去所要尋找的整合及整合觀點的答案。

黃道十二宮（zodiac），是歷經多個世紀發展出來最大的原型象徵結構之一。原來的黃道帶乃是從早期人們對於星座的想像而來的，現在一般被定義爲太陽行經地球的明顯軌跡（黃道 ecliptic）。

黃道十二宮包含一些活生生的象徵，體現出在生活當中可以被釋放的力量。這十二個獨立的象徵被稱爲十二星座，它們是太陽系規律及循環活動的原型模式。

在黃道十二星座的星空背景外，還有行星，依照其排列的位置，代表著心理整合及浮現具不同功能性的能量。現代占星學分析及詮釋的，是包含太陽及月亮十大行星的位置。

行星象徵心理構成的特定動力，舉例而言，出生圖中的太陽跟我們生命中創造性的生命力以及個體性有關。我們要在生命中創造所渴望的正面改變，必須要結合星座的原型力量、行星的力量，以及古老有效的轉化方法。

出生的時候，行星藉由其被計算而成的相互關係，象徵了我們心理模式的複雜性。這些行星的相互關係被稱爲相位（aspects）。占星學利用多種不同相位，以描述心理及潛能的複雜性。

出生時的行星及其相位，形成我們心靈生命一套複雜的代數學。要對這套生命的代數學進行解碼，我們不只要懂得它們的公式以及具備詮釋的能力，更重要的是，需要發展直覺。我們需要在開展的生命故事當中感受自己，並尋找在情境背後的眞正意義。只有在具備了這些感受性及直覺的品質後，我們才能成功地利用神聖占星學作爲導向自我實現的道路。

要自我實現代表要變成一個完整的人，這意味著從群體及家庭、國家以及文化無意識的奴役中解脫。在明白到這些意涵的瞬間，基本的改變，就是在我們的心理上重新導向，以及發展——它早晚會導致對於生命以及占星學的全新態度。

出生時，行星的位置及相位，以編碼的方式，載有我們內在個體的種子概念或藍圖。這份藍圖，結合了星座及行星的位置，以及它們的相互關係（以及上昇星座和宮位），被稱爲出生圖（birth chart）。它由我們出生的時間、日期以及地點所決定。我們的出生圖，命盤（natal chart）或是天宮圖（horoscope，來自希臘文 horoskopos，意指「時間指針」）就是對於出生時間及地點星空上的三維立體現象的二維代表。

有諸上，形諸下（As above, So below）

想像的說法是，行星的力量在每一個瞬間，都在整個太陽系內發出一種多層次及多面的頻率，而呼喚我們這些跟這種特定的生命旋律共鳴者的誕生。當我們出生時，個人的模子也被創造出來了，而它會以原型或是種子的形式一輩子伴隨著我們。

這種普遍的看法，讓占星學看來如同以宿命論及性格爲基礎的藝術，更接近於轟動的預測以及瑣碎的個性分析，而忘卻了個人的發展以及成長。必須知道的是，幾千年下來，占星學這門知識已經發展得非常博大精深。

時至今日，許多占星學家，包括心理治療師及心理學家等療癒領域的專業工作者，都同時應用占星學的法則，有效的判斷及感受。儘管如此，一些人仍然相信占星學不過是新時代的另一種派別，利用一點戲法，一名聰明的占星學家，可以讓你以爲發生了神奇的生命轉變，如此而已。

幸運的是，大部分人明白，個人的成長以及自我整合並不會那麼輕易發生。正如一句古老諺語所說：「一顆樹的枝幹要到達天堂，它的根部必須抵達地獄。」沒有掙扎及艱困的生命體驗，不可能達到更大的自我覺知及更高意識的狀態。不論是占星學或是其他道路，都沒有捷徑或是魔術，占星學家也不能免除個人的努力以及責任，出生圖是我們生命模式及潛能的反映，而不是逃避的方法。

儘管要達到整合自我並不是一條簡單的路，然而神聖的恩典會一直關注，假使我們信任自己的眞我，並且抱持純粹的動機，任何事都是有可能的。在佛教的記載中有一則美麗的故事，描述一名低下階層的理髮師，在聽到佛陀開示涅槃（一種至高及極樂、無限的意識狀態）的道理後，馬上衝前充滿期待地詢問佛陀：「可是，就算是像我這樣的人，一名理髮師，也可以達到涅槃嗎？」佛陀回答說：「是的，就算是像你這樣的一名理髮師，也可以達到涅槃。」當下，那名理髮師就達到了涅槃的境界了。

故事的眞假並不重要。重點是限制我們達到心靈蛻變的，往往是自己有限的思考模式，以及對於錯誤情緒及心理制約的執著。

一旦我們能夠對於改變及過程，展現出清晰的決心及開放時，大門就會打開，而恩典將進入我們的生命。這樣的決心可以來自與某人的相會，或是透過一件重大的生命事故而來，也可能是多年以來個人掙扎的累積，又或是突如其來地發現一種新的需要。在這個打開自己的轉捩點當中，我們常常會對此改變及自我整合的過程，尋求一些指引、適當技巧或是路徑的幫助。占星學是其中一種技巧以及路徑，甚至是最古老以及最佳的途徑之一。

第二章 發現神聖的自我

形成、蛻變，都不過是永恆心靈的遊戲罷了。

——歌德《浮士德》

當看起來都像失去了一切的時候，轉捩點就非常接近了。故事從浴火鳳凰的神話，到暗夜中的靈魂，在許多不同時代中都被訴說著。生命就是一直這樣發生，在我們最絕望苦惱的時候，也許會有一個寧靜的刹那、道路出現，而我們也找到了慰藉以舒緩痛苦。不論我們稱它作甚麼，這是一種沒有聲音的聲音，是寧靜的聲音，神聖恩典的流注。希望在這個吉祥的時刻誕生，而且重拾力量及視野。

占星學的其中一份最大的禮物，就是生命中重大的成長時期以及轉折，經常透過被稱爲行星流年（transit）清晰地象徵在出生圖上，尤其是所謂後土星行星（trans-Saturnian planets）：天王、海王及冥王星。流年是指目前行星在星空中的位置，與我們出生圖上的位置，所計算出來的相位或與行星間的關係。

心靈危機及轉化潛能的內在意義，被原型密碼以流年的方式顯示出來，然而存在的細節、特定的事件，雖然或許可以推理或是猜測，然而卻是不可能被揭露的。內在改變的過程通常被神祕所包圍，而帶有一種特殊的抽象美。

在永恆的當下創造未來

占星學的預言，就算是在原型的層次，也不見得容易。要準確地預言每天早上特定時刻公雞的鳴叫也許可能，然而預言生命發展中的重大危機、其內在意義、未來可能的衍生，以及當下的解決之道，則遠爲複雜許多。此類預言及分析，需要認知上的智慧、直覺，以及對人類自然稀有事物的了解。

這一點直接帶領我們看到，今天經常發生在占星學領域的謬誤之上，一般人對於原型潛能的概念，如同從出生時行星位置所顯示的象徵形式，與生命中的原型，如同我們的身體、情緒、心理及靈性顯現之間，有著一種完全的誤解。單憑出生圖是永遠不可能演繹出特定及個別事件的，幻想以及不準確的可能性非常高。這種形式的算命是神聖藝術危險的扭曲。利用各式各樣的預測技巧，以嘗試對未來生命做出判斷，是一種有害而非常具破壞性的傾向。這種形式的解讀，整體而言，只會成功地把負面的種子放入我們的意識當中，甚少會發生任何正面的事情，而唯一可能的受益人就是那位吹牛的占星學家。

上述事件導向的預言技巧，並不適用於整合自我潛能的占星學。相反，它們是一些假象及具有潛在破壞性的技巧，剝奪了我們個人的力量。以占星學整合自我潛能，建基於完全不同的觀點之上，著重的是自由意志的力量，並且只會受出生圖上的原型限制所影響。

當我們開始進入神聖的自我探索之旅時，不只會發展及體現神聖占星學獨特的療癒方式，而且自己就成了方法本身。最重要的是我們覺知的層次、動機的純正，以及為轉化所下的功夫。事實上，當自我整合的渴望夠強烈時，我們就成為了自己的催化劑，在活出鍊金般的生命時，我們成為了道路本身以及智者的魔法石。我們重獲了永恆的珠寶。

假如我們堅定地體會本書所描述的占星療癒過程，就可以改變自己的現實，或重新設定自己的心理及情緒狀態，作爲嘗試的第一步，從而對自己的情境有更大的接受度。完全的了解乃從完全的接納而生。

所有危機都可以予以利用成爲正面的成長，所有狀況都是獨特及特定的，然而危機永遠都帶來了轉機，需要永遠都會在適當的時候，在某個層次上得到滿足。

有意識的態度

要達到占星的自我整合，以及內在轉化成功及有意義的結果，有兩個絕對必要的元素，首先，我們必須發展對於生命循環本質的了解，換句話說，適當的時機是很重要的，缺乏了對自然發展過程直覺的覺知及洞見，我們就不能夠隨順生命重大的變化，而假如缺乏了對於這些重大轉變時機的覺知，或是避免面對它們，我們將會發展出導致更大的內在張力、焦慮及恐懼等心靈阻力。

對於重大流年及推運（progression）的原型意義有所了解，是很重要的，毫無疑問的，流年及推運是決定我們正在經歷何種生命階段或循環的最佳占星技巧。傳統的占星學家會利用流年及推運，作爲事件預測的方法（只有少數的成功率），一名現代占星治療師會利用這些技巧，作爲指出重大生命發展，或是對於內在循環過程取得洞見的方法。

第二個占星整合自我潛能所絕對必須的元素，就是有意識的覺知，這種覺知有兩個面向：能夠適當地對生命挑戰的危機所帶來的潛在機會，清明覺知的能力，以及有意識地利用危機，作爲參與個人開展下一步的意願。能夠辨認出危機狀況的眞正需要，以及決定以正面及強化生命方式的體驗與過程，是很重要的。

要透過占星學讓我們重獲神聖力量，完全取決於這兩個元素：時機及覺知，因爲就占星學應用最純粹的形式而言，需要對生命抱持覺知的態度。占星整合自我潛能，需要以一種奉獻、純粹以及堅決的勇氣及期待，來面對危機，自然產生心靈上奮發的需要。

以智慧尋找出路

只有當旅人到達目的地時，才會謹愼地把地圖（出生圖）放到一邊去。而就算在這個時候，比較有智慧的做法也是不要把它燒了，因爲也許會有下一次的機會，需要再去打一場不得不的戰役，並再次航經這片混亂、無知以及恐懼的大海。

古老的教導說，由於經不起當下的挑戰，就算是在神聖邊緣的偉人偶爾還是會退怯，假如這是眞的，我們就更應該謙卑地走這在條路上，明白直到取得最終的勝利前，都應該盡我們所能的以智慧在路上尋找出路。這樣我們就讓自己與宇宙秩序一直展現的和諧相應了。

天王星、海王星及冥王星的流年位置，在占星學的療癒工作上占有極大的作用，這些後土星行星最高的象徵意涵，可以被看作是從另一銀河系而來的訊息傳遞者，神祕及無情地把這個太陽系的居民召喚到完全轉化的道路上。

天王星以其閃爍的光明，將想法及領悟注入我們的內心時，「經過我們的，並不屬於我們」。海王星，緩慢而肯定的清除我們意識當中陳腐的模式，引領我們在全方位無所不包的宇宙大我當中，放下自我的短見。冥王星，以其深不可測而又井然有序的方式，粉碎了舊有的情緒及心理生活，迫使我們帶著反抗及恐懼進入全新的生活模式。

因此，個人開展自我的過程是以不同形式進行的，假如生命中有命定的事情的話，那就是我們全都參與著一齣自己在編寫及修改的劇本，以義務或是不情願地演出各個場景的神奇戲劇。我們扮演自己的角色、與劇本抗爭，像被寵壞的小明星般面對各種狀況，而最後，假如我們有智慧的話，會有意識地讓自己與愛以及導演的視野協調同步。

第三章 整合自我潛能

每個人的靈魂都是被指派來讓宇宙變得完整的。

——普羅提諾（Plotinus）九章集《*Enneads*》

就算只是粗略地觀看占星學的龐大文獻，也讓人感到意外，意外的是，竟然沒有任何書籍是關於幫助實現出生圖潛能的特定技巧或練習。

這個情形是很諷刺的，因爲對於大部分占星學家而言，占星學的整個藝術及應用，就是幫助個人釋放與生俱來的潛能。假如這是屬實的話，爲什麼只有少數的文獻，有關於特定的轉化性練習以及整合潛能的技巧？關於占星的轉化有許多傑出的書，它們列出了所有過程的技術層面、時機以及嚴重性、遭遇事件的本質及對生活可能的影響，然而有許多其他因素卻常被忽略了。

不論原因如何，我們不只需要在心理上了解，爲什麼我們會經歷改變的過程，更重要的是，還需要將過程加以整合，並體現在我們的存在之中。它必須成爲我們原子的一部分。

體現更深的了解

跟一般人對生命困難及創傷經驗的所知相反，只有充分體現危機才能建立眞實的意義。最終我們需要發展對於特定生命轉折更深的了解——它內在的意義及分歧，然後，讓對過程的接受滲透進我們的意識之中。完全的接受讓內在的平靜及穩定照亮意識。在這種情況下，眞正心靈的成長才會發生。

少數占星學使用者及他們的客戶，在占星學的應用與內在轉化及個人成長上毫無關係，而只有表面以及空泛的個性解讀，和膚淺而有潛在傷害性的預測工作。然而，要分辨此類運用以及眞正的藝術兩者間的差異是很重要的。當偉大的印度靈修大師瑜伽難陀（Paramahansa Yogananda）在一次被問及他是否替人算命時，他回答說，他發現修補人們的命運其實更有意義。然而，對於一些個人而言，占星世界奇異的景觀爲心靈的癱瘓提供了豐饒的大地，而讓命定的概念以及固定的個性，成爲心理及靈性上懶惰的藉口。

自由意志當中重要卻常被忽視的面向，就是生命永遠讓我們有機會進入並有意識地參與重大的生命發展。轉化性的生命體驗，並不是天上的星星送給我們的，不是意外發生的。在生命的路途中，我們不要讓自己成爲被動的參與者、旁觀者，或是受害者。

我是個人的主宰

我們同時是潛在的控制中樞以及自我覺知的發生點，決定危機或事件如何整合進意識當中。

此一概念來自於新物理學——量子機制以及相對論，它暗示我們在幽深奧妙的層次，我們其實是中心、共同創造者，以及控制的核心，而不只是被動的觀察者。在新物理學中，我們找到古老神祕學教誨的新起點，指出每個人都是光的生命，每一處都是中心，情境就是此時此地。

藉由有意識地參與這些循環性事件展現的偉大時刻，我們眞實地在生命中流動著。正如偉大的中國哲人老子說的：「讓生命自己過活。」假如接受我們內在就含有這些象徵及意義、視野及目標，那麼我們需要的只是以更爲純正、更大的決心及智慧往前走，並讓神奇的時刻出現來轉化我們。

潛意識與行星

要讓神聖占星學的煉金術得以展現，必須有意識地處理我們的潛意識。生命中的每一天，都在以多種不同的方式與潛意識對話，而它也好奇地接受我們告訴它的每一件事。當我們在早上起床時告訴自己：「這是討厭的一天，我想回到床上。」它就相信我們了。而且，它會在我們有意識再次順從這個念頭時，努力地爲我們重新創造這討厭的一天。我們甚至不必清楚地跟它說明，任何抽象的暗示或提示就已經足夠了，它會很快樂地爲我們完成剩下的工作。

大部分人的問題是，我們告訴潛意識的話，完全跟想要體現及活出完全整合的生命相反。而且經常由於在過程當中缺乏覺知，而在潛意識中產生無助或自我破壞的模式。很明顯的，我們需要利用全副機敏的心靈來與潛意識共事，從而在生命中開始正面的心理模式及情境。

潛意識以及出生圖上象徵的行星力量之間，有久遠而微妙的關係，兩者之間有一種同步性的連結。在此暗示的是，更深入了解我們心靈以及克服過去拉扯的關鍵。在我們的潛意識模式、有意識的生命經歷，以及出生時的行星位置之間，只有一種根本的分別，那就是我們彰顯自由意志以及自我意識的覺知的能力。

要轉化錯誤的情緒及心理模式，並完全整合自己，所必須的是意志力以及自我意識的覺知，加上適當的實際技巧。

發現神聖自我的技巧

造成潛意識模式的重大改變最有效的技巧（如同原型），在時間的開始就已經存在，而其中最有效的是肯定句、祈禱文、暗示、象徵、水晶以及觀想。

假如聯合運用這些技巧，將會形成巨大的轉化性潛在能量，本書的下一半將描述結合星座及行星的原型力量後的這些技巧，以及它們在療癒上的應用。這些就是透過占星學重獲神聖力量的技巧。

要達到占星自我潛能的整合有五個步驟：

第一步包括學習星座、行星、宮位以及相位，以及它們在神聖占星學的應用上所扮演的角色。

第二步你將被介紹整合自我潛能的特定技巧，包括肯定句、祈禱文、觀想以及水晶能量轉化。在學習這些技巧時，你將學會如何在心靈本質的層次產生根本的改變。

第三步將教導你如何找出出生圖的重大課題及潛能，這些發現不僅讓你決定神聖靈魂煉金術所要處理的行星及星座象徵爲何，更重要的是，學習可以讓你更容易釋放自己創造性的力量，並喚醒內在的療癒能量。

第四步就是設計你個人化的自我改變計畫，著重在你的重大課題、模式以及內在潛能之上。在過程的這個部分，你會決定希望處理生命中的哪個領域，並且從所提供的方式中（肯定句、祈禱文、觀想，以及水晶能量療癒），選擇特定的練習及療癒技巧，又或是自行創造個人化的練習及療癒。

第五步就是神聖占星學技巧的持續應用。

在出生圖上所象徵的行星能量，形成了一道由自我意識連接到潛意識狀態的橋樑，然後再到星座原型所在的集體無意識。而行星及星座的原型在超意識狀態——神聖的自我中得到整合。

黃道的星座以及行星，等待我們在整合自我潛能的過程當中運用它們，藉由肯定句、觀想以及召喚這些原型的力量，我們可以穿越不同內在世界間的橋樑。我們可以淨化、重新定義或是消除意識當中錯誤的模式，並且開啓正面全新、讓生命強大的模式。假使我們夠勇敢的話，甚至可以重新建立與超意識狀態，並與神聖的自我相連結。

第四章 十二星座運用法則

「地球被上天的內在法則所束縛，以便存在於世上的所有力量也同樣被上天所管轄。」

——亞里士多德《氣象學》(*Meteorologica*)

縱貫我們的生命，黃道上的星座都在衝擊著我們開展的意識。當我們吸收了每一個星座的教訓時，我們就會達到對心靈的能量，以及作爲一個完整的人類，有著更深的了解。

黃道上的星座不只是屬於天上的，更重要的是，它們以心靈本質的方式，在人類的集體潛意識當中等待被發現。這樣的眞理巧妙而美麗地被一句古老的名言所表達了：「天垂象，地成形。」

個人化的曼陀羅

星座代表了心靈生活的形式。它是以古老意義及神話象徵，交織而成的一張內容豐富的帷幕。正如之前所見，心靈生活的主要課題，藉由出生時十二星座以及行星的配置這種星星的密碼而被揭示。然而，生命並不是靜止的，我們都置身於這場透過整條黃道帶的動態，及不斷變化的自我發現之旅當中。

出生圖是一種固定的變化狀態，它隨著月亮、太陽以及各行星的週期起伏。它是一個恆常變遷的象徵——隨著行星循環移動而變化，獨特的個人化曼陀羅。當我們以智慧去解讀自己出生的曼陀羅，並且持續不斷使用強化自我力量的占星技巧時，這將是一趟把我們帶到更廣大覺知及個人潛能整合的生命之旅。

既是起點，也是終點

黃道上的每個星座，都體現了一種宇宙的法則或是神聖的意念。它們表示了十二種在自我呈現過程當中的階段特性。傳統的占星學家以及一般大眾，喜歡把十二個星座視爲分離的特定個性，然而它們其實是整體的十二個部分（圖一）。

黃道中的星座，不過是與生命相關的週期及韻律性展現的十二個階段，這些階段，不論是在抽象的層次或是人類經驗的領域，都完全是相互依存及關連的。我們全都在整合過程的不同程度及層次上，體現了所有十二個星座，也神祕地同時體驗到部分及整體。我們既是起點（牡羊座）及終點（雙魚座），也是兩者當中過程的全部。

要對出生圖做出有意義的詮釋，我們應該嘗試喚起對個人的整體清晰的影像，即是將行星在黃道十二星座的影響，跟整個黃道循環的週期相關連。對於細節的複雜性過度地重視，輕則不當，重則是對整個占星藝術的扭曲。整體永遠都優先於細節部分。

舉例而言，也許你的太陽在摩羯座，而你也多少知道這個星座的個性特徵，然而到底落在摩羯座的太陽對你整個靈性發展及未來道路上有何意義？換言之，摩羯在整個黃道循環當中的角色，比確認個性上數不清的習性重要。

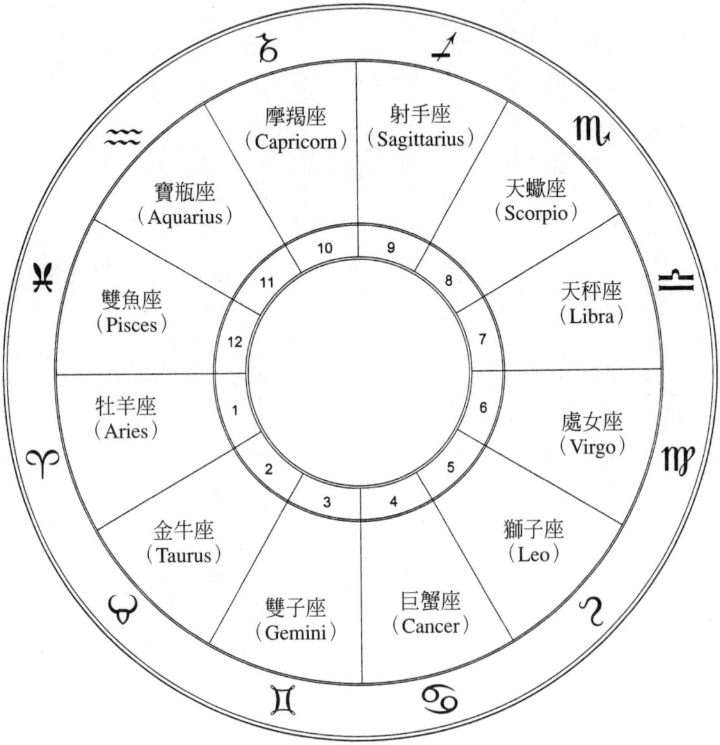
摩羯座
(Capricorn)
射手座
(Sagittarius)
天蠍座
(Scorpio)
天秤座
(Libra)
處女座
(Virgo)
獅子座
(Leo)
巨蟹座
(Cancer)
雙子座
(Gemini)
金牛座
(Taurus)
牡羊座
(Aries)
雙魚座
(Pisces)
寶瓶座
(Aquarius)
1
2
3
4
5
6
7
8
9
10
11
12

圖一・十二星座

黃道十二星座

以下圖表中的符號、法則以及關鍵字，展示了黃道中的星座如何描繪出整個創造的過程。十二星座的符號、象徵意義及對應，透過天界的祕密語言告訴我們，關於人類經驗循環的意義。也描述了我們在此美麗行星生命中規律及整個的本質。

表一：黃道十二星座

星座	**符號**	**法則**	**關鍵字**
牡羊座	♈	行動	開始及動力
金牛座	♉	回應	鑑賞及穩定
雙子座	♊	互動	覺知及適應
巨蟹座	♋	包含	保護及警覺
獅子座	♌	獨立	掌控及力量

處女座	♍	區別	辨識及服務
天秤座	♎	平衡	和諧及關愛
天蠍座	♏	轉化	深度及重生
射手座	♐	視野	智慧及諒解
摩羯座	♑	具體	秩序及責任
寶瓶座	♒	分配	普遍及慷慨
雙魚座	♓	救贖	綜合及慈悲

四分法與三分法

傳統上，黃道中的星座都會被分成幾個不同的次等組合，最重要的被稱爲「四分星座」（truplicities）或稱「元素分類」（elements），另一個爲「三分星座」（quadruplicities）或稱「屬性分類」（modes）。這些次等組合，分別把黃道的分割再延伸至四個一組或是三個一組。

四分法就是古老的火、土、風及水四個元素。火相星象的本質是主動、活躍、激烈以及果斷的；土相星座展示的是一種實際及穩定的影響力；風相跟溝通及智慧有關；水相則是情緒、本能及直覺性的。

表二：四分法

火	土	風	水
牡羊座	金牛座	雙子座	巨蟹座
獅子座	處女座	天秤座	天蠍座
射手座	摩羯座	寶瓶座	雙魚座

三分法是將黃道十二星座再細分成基本（cardinal）、固定（fixed），以及變動（mutable）的星座。每種分類都表達了不同的特質。基本星座較爲外向，固定星座本質上是抗拒改變的，而變動星座則較有適應力及靈活度。

表三：三分法

基本	固定	變動
牡羊座	金牛座	雙子座
巨蟹座	獅子座	處女座
天秤座	天蠍座	射手座
摩羯座	寶瓶座	雙魚座

表四：四分法與三分法

	火	土	風	水
基本	牡羊座	摩羯座	天秤座	巨蟹座
固定	獅子座	金牛座	寶瓶座	天蠍座
變動	射手座	處女座	雙子座	雙魚座

牡羊座：公羊

♈

守護星：火星

元素：火

牡羊座代表神聖意念的出生處，它是意志及顯現的原型。

牡羊座（或稱白羊座）象徵生命經驗或是全新週期的開始。它是在春天於大地上冒出頭來的種子，種子透過地殼發芽正是牡羊座美麗的象徵符號。它的內在模式彰顯著自己的典型及特質，迫使自己迎向陽光。

牡羊原型喚醒了我們內在出生及行動的法則。生命天生的本質就是體現自己，讓自己潛伏的可能性得以彰顯。牡羊的我們可以看見生命充滿了前途及希望。透過以直接主動的行動，我們正面地展現了自己，同時也展現了極度的信心。

牡羊座的符號也代表公羊的角，暗指做出衝動、倔強行動的驅力，並且代表我們以龐大生命力開始新事物的欲望。我們體現了先驅的靈魂，作爲靈性的戰士，我們注定要行使完全的個人自主，以達成所選擇的理想或是跟隨我們的夢想。

想法對於牡羊尤其重要，他們永遠強調，發展人類意識中的心智功能。開端的概念亦同樣是牡羊座的樞紐，而帶著開端的欲望，伴隨的是許多恐懼、不安全感，只有時間及經驗可以克服。情緒的不穩定、本能性以及自私的青春期（牡羊座）性格，最終必須轉化成爲充分整合爲成熟成人（雙魚）的紅寶石之心及鑽石意識。

牡羊座彰顯了宇宙個體性的法則，是唯一與統一整合能量背後的心中之火，與生俱來的力量及信心，提升爲膽量及勇氣，我們尋求行動本身並體現自由的意志，對束縛的恐懼，以及對體制及階級的厭惡。

金牛座：公牛

♉

守護星：金星

元素：土

金牛座是神聖欲望的原型，它在情緒及安全感的層次作用。

假如牡羊是象徵生命展現的活水源頭，金牛則是穩定的河流，爲肥沃的土壤提供多種養分。金牛是宇宙穩定及確定的原型。

我們在金牛座學習的是駕馭牡羊座的生命力，正如以牡羊座的火焰作爲開端，無界限的活力遇上了金牛力量堅固的抗拒力，本能地，我們感到被迫把牡羊的能量投入實際的用途之中。

帶領牡羊座的精神力量，現在被導向在金牛尋求情緒的和平、穩定以及愛之中。在牡羊座裏我們不顧後果地往前衝，在金牛座我們則收斂並穩定所得，公羊遇上了公牛。

金牛的象徵傳遞了天賦的豐富及接受性，如同牡羊的種子撒在豐盛的金牛大地之母體內，神聖的創造過程誕生了，從大地的子宮中顯現了情緒的深度以及安全感的追求。牡羊座過度快速及熱情地耗盡了它的資源，現在則是金牛來保留及尋求更豐富的供應者的時候了。

在金牛座出現的自我意識，學會了以完全肯定及穩定的方式往前移動，展現出眾的可靠及堅定。縱使內心恐懼，仍然保持堅定，因爲我們體現了金牛力量中的原始精華及力量。

金牛的任務是結合牡羊新生的種子，並以扎實的根基讓自己穩定在大地之上，尋求可以維持及長久的生命體驗。本能驅使我們尋求可見的結果，而在過程當中，我們學習到這樣的結果，是從持續的重複、堅持以及集中力量贏取而來的。

從純粹而不安全的牡羊所追求的征服及行動接替下來，金牛渴望情緒及物質上的安全感——大地的果實，開創的本能讓位予定居者組織的需求。金牛的決斷、固執及堅定的目標，可能導致封閉的心靈，只著重自己而忘記了社會及群體的責任。在較底層次的展現中，原始的土相能量，是透過一種靜態及對改變及進步的抗拒來表達自己的。

金牛學會如何生起真實及可展示的力量——讓事情發生在物質的層次，先建立然後維持。青少年的牡羊追求的興奮刺激，則退讓給在循環中金牛階段傳統的力量、習慣，以及惰性。

雙子座：雙生子

♊

守護星：水星
元素：風

雙子座是神聖覺知及特色的原型，它代表對立的融合以及統一與整治的心智活動。

雙子是人類展現春天的最後一個時期，金牛時間的黃道循環，教導了我們如何深入感覺並維持穩定的存在，而我們卻仍然盼望新的方向及興趣。靈魂的開展讓人在前一個時期感到窒息的約束，在心靈未知的領域尋找刺激與興奮。

在雙子裏，牡羊及金牛的行動及反應，讓步成爲一種互動。雙子的心智覺知及洞見的能力，讓我們看見生命中有意義的模式及計畫。

這個原型是發展中的分析性心智，尋求與想法及人們發生關係，想法的溝通成爲雙子其中一個最顯著的主題，這是一個持續的學習及心智發展的過程，而事實、系統、數字以及細節也變得更爲重要。

在吸取雙子的教訓時，我們體會到每件事物都有一種與眾不同及有用的目的，就算是最微小及不起眼的東西亦然，因此分析細節的能力以及對知識——相對於智慧——的喜愛，以及事物與想法之間的互動，就捕捉了我們的想像。當這個部分變得比整體更重要的時候，我們的心智便不斷往前競賽，並以獲取的知識建構新的世界，這時，就會陷入危險。

雙子尋求急遽的心智發展，以及與其他心靈的互動，這點可以透過學習、教學以及概念的溝通等體現。我們經歷了一種超越了金牛時期看來停滯於個人及心智刺激的強烈渴望的現象。

歸納的能力、邏輯上的了解以及運用多種的思考及概念，在我們生命經驗的雙子時期開始發展。就最深的意義而言，我們在經歷一個思考本身成爲一種成長方式的過程。

雙子是利用言詞、名字以及邏輯觀念，以傳遞生命經驗新發現的魔法師。然而，這些概念的危險在於，讓我們不斷進化的意識感到輕微的不安全以及脆弱，因為我們並未發展出對於個體清晰的意義，我們發展了許多不同的關係以逃避面對自我。

假如在金牛裏我們尋求的是情感上安全的關係，在雙子裏我們建立的便是不同程度的刺激以及心理上的關係。

在牡羊裏我們是獨立的靈性戰士，在金牛我們則喚起了原始大地上的男人及女人，而在雙子我們學會了發展一種與世界的相互關係及作用，成為了有彈性的魔法師之典範。

巨蟹座：蟹子

♋

守護星：月亮
元素：水

巨蟹象徵宇宙保護的法則，是神聖女性的原型。

在巨蟹座太陽來到年度循環中的高潮——夏至（北半球）。太陽已經走了很遠的路了，而現在，像蟹子一樣，它要退縮了。

巨蟹原型代表包含、接受性以及波動。巨蟹是滋養及保護兒女的偉大母親，而巨蟹的符號讓人想起乳房——豐沃以及營養的原始象徵。事實上，傳統上巨蟹被認爲是掌管乳房及胃部的。巨蟹也是「如子宮般的空間」的象徵，而在巨蟹座懷孕九個月以後的嬰兒出生時，正是牡羊座。蟹子是海洋生物，象徵生命中的無意識力量。牠的動作帶有幾分退縮性，而且傾向迴避而非尋求面對。牠的硬殼保護著柔軟及纖細的內在。這些特質都反映在巨蟹座的性格中。

當我們連接巨蟹的能量時，便在意識中反映了生命中精神及無意識的力量。由於這些巨大的力量很容易淹沒仍然脆弱的心靈，因此我們豎起保護的屏障，以保護仍然弱小的個體。影像、夢境、宗教的感受、強烈愛的能量，以及各種奇怪的體驗，都會攻擊敏感的巨蟹心靈。熟悉及傳統是我們尋求安慰以及安全感的所在。家庭以及社區生活，提供我們不斷進化的靈魂所需的安全避風港，而本能性、生物性或非理性的狀況，只能在很少的情形下被巨蟹座容忍。

巨蟹對雙子持續的刺激及心理體操感到疲累了，而最深層的需要，是身體的滋養以及眞實靈魂的接觸。雙子座全方位的延伸，退讓予專注於生命能量的形成，以及設定界限的需要。對於新穎的刺激關係之持續需要被逆轉，退回到舒適、安全，以及熟悉的生命領域之中。可能導致的是私我的具體化，造成恐懼、不安全感、焦慮，以及過度敏感，又或是可能引領至內在的自由、喜悅、平靜，以及昇華。這就是巨蟹座的最高命運。

獅子座：獅子

♌

守護星：太陽

元素：火

獅子座代表宇宙光輝的法則，是神聖力量及統治的原型。

獅子的符號是開放、流動以及強大的象徵，它暗示獅子座的自我表達以及外向，相對於巨蟹自我壓抑及內向的傾向。透過先前巨蟹的生命經驗，我們專注於兩個基本課題：首先是清晰及仔細的引導生命能量，去自我保護及心靈的滋養；其次就是接受從家庭、文化以及國家承襲而來的責任。

獅子看見從第二個概念而來的進展，尋求展現更高層次的社會意識及責任。當我們首度嘗試融入群體時，社會議題以及關係就變成首要了。而在我們以獅子的力量閃耀時，巨蟹天然的羞怯以及本能的警覺，就退讓予顯著的社會價值以及參與群體的渴望。

獅子延伸創造的衝動，讓個性中新的面向得以浮現，生命的歷程就是去展現偉大的視野或有力的人格，也許是藝術家猛烈的個人主義，又或是領袖啓發性的魅力，在任何遇到的舞台上昂首闊步、搔首弄姿、招搖而行，然而內在深處只是渴求更大的接納、意義以及自信而已。

在巨蟹，我們學會如何表達及承認自己的感受及身體上的需求，也學會接受個人的限制及不足，作爲獅子，能量卻是逆轉的。內在迫使我們尋求成爲眾人的中心，就像披掛上陣，我們勇敢地踏上世界的舞台，以展現自己與領袖的精神。

我們表達了個性中戲劇性的外向，而內在深處或許仍藏有個人的不足感，不然我們爲什麼要尋求誇大的認同以及表現？

就較高的層次而言，獅子座的本質展現了相當程度的寬宏大度，在我們那些較未進化的兄弟姊妹身上，我們看到了做作、浮誇、炫耀，以及自我本位的行爲，這些都是獅子座的標誌。在各種的把戲以及角色扮演中，我們尋求最重要的，就是更大的個人認同感。獅子就是在個性以及社會互動的層次上，尋求安全感的原型，全力投入自我實現中。

處女座：處女

♍

守護星：水星
元素：土

處女座象徵宇宙完美的法則，它是純潔、區別以及誠實的原型。

黃道中的每一個星座都會跟之前一個對比，而處女座跟獅子座的對比是最強烈的了。黃道週期中的處女時期把我們帶離獅子座，從自我表現及外露的性情，進入沉默的自省及嚴謹的紀律。

斯芬克斯（sphinx）的謎語，傳達了處女座紀律的神祕感，這隻神話中的動物——一半爲獅子另一半爲處女，爲從獅子座開始進入處女座戴上了神祕的面紗。從個人自我本位時期進入一種新的淨化、分析、區辨，以及服務的時期。

要安全地行使力量，必須再一次生起純粹的意圖，我們天生及核心的原始本質，在處女座裏得到了恢復。如同斯芬克斯仍然擁有獅子的力量，暗示處女的課題就是同時體現純潔與力量。

獅子原始的力量，在處女座轉化爲純理性及區辨能力，這種力量及純粹的結合，在我們的世界中是非常罕見而有價值的，它不啻就是處女座原型的最高理想。這種結合可以透過追隨在一位眞正導師的指引之下，學習謙卑及智慧而能夠達到。

在處女座裏我們會成爲學徒，透過有條理及仔細的方式，踏實地使用正確的技巧，最終我們將能達到精通的境界，並重獲我們失去的純粹。藉由應用正確的技巧，如同從眞正的導師處所學到的一樣，我們就能夠重新調整不成熟的情緒以及心理的表達（如同獅子座所表現的），而讓本質得以重生。

某些處女座的人，會過度無節制地致力於追求完美及一些微小的細節，而缺乏了顧及整體的觀點，狂熱地執著於特定的飲食及健康的系統，導致一種缺乏喜悅及自發性的生活方式。

然而，在處女座的我們，永遠都有機會去取得新的技術，處女座是以溫順和謙遜、沉默而不起眼的方式達到精通圓熟的。在自我實現過程中的這個節氣點，我們踏進了天秤座所象徵的集體領域之中。

天秤座：秤子

♎

守護星：金星

元素：風

天秤代表宇宙和諧的法則，它是社會互動、平衡及關係的原型。

最初的六個星座處理的是個人的開展，接下來的六個星座則與人類集體意識的進化有關，強調人類關係的結構，及我們在更大的整體當中的位置。

當秋分來臨時，日與夜是等長的，而大自然事實上進入了一個平衡點。天秤的符號——秤子，美麗地代表了這種平衡。天秤是社會價值及正義的原型，如同此星座掌管美學及對藝術的欣賞。

天秤座把我們帶離之前自我本位（獅子座）及自我批判（處女座）的時期，進入人類自我神聖的時期。天秤挑戰我們，成爲人類更大整體中自願和諧的參與者。在這條路上我們學會發展，對於他人公平、合作以及幫助等美德。

在天秤座，我們的合作如同人類器官中的一個細胞，目標不再是個人的發展與堅持，也不是任何嚴格的私我導向目標的成就，意識的重大改變已經發生——一種導致社會及集體的課題，變得對我們比個人課題更爲重要的改變。

天秤座掌管婚姻及所有封閉、結構性的關係，以及個人與群體之間的關係。人類的相互連結及互動，成爲我們驅動的力量及動機。我們把自己珍貴的心靈力量，投進社會的價值、過程以及理想之上，頭腦及心靈都帶有一體及和諧的視野，並尋求發現自己在生命整體的戲劇中眞正的位置。

天秤座注重社會規範；價值以及行動，而牡羊座通常以一種自大及誇張的方式，注重個人的權利，以表達他們天生的獨特性及個體性，也許天秤座的人會被控告擁有過於誇大的社會道義，而這不過是凸顯出他們準備好爲整體利益做出的個人犧牲而已。

當我們追上天秤風的流動時，就會願意不遺餘力地適應社會的制度，並被接受成爲有價值的社會成員。這種特質讓我們在某程度上如同變色龍，能夠輕易融入不同的狀況。假如我們對社會責任感覺並不認同，各種恐懼、不安全感以及罪惡感就會出現。

在核心處我們被一種尋求平衡點的欲望所驅使，這種欲望引領我們，前往尋求團體的和諧以及集體的幸福，由於天秤是一個評估的星座，自然傾向就是以可被接受的社會規範，去衡量各種狀況及人們。因此，對社會的價值及和諧運作的能力，就成爲了我們衡量的標準。

天蠍座：蠍子與鷹

♏

守護星：冥王星

元素：水

天蠍象徵宇宙目的的法則，它是重生及轉化的原型。

蠍子與鷹的雙重象徵，暗示天蠍座能夠在不同層次上表達及展現。在神話中，鷹變成了鳳凰，從自己的灰燼中重生。鷹可以飛得比任何其他動物更高的能力，成了重生及復活最好的象徵。

在天秤座，我們尋求和諧的群體活動，在天蠍，我們的憧憬植根於情感生活，並尋求完全的表達。我們情感的本質再次被喚起，渴望在心靈本質最深的層次感受及體驗生命。

當我們走過天蠍荊棘的道路時，靈魂呼喊著心靈的淨化及重生。不同於在處女座的經驗著重於所有之物上，又或是旅居天秤時被社會的美好所占據，在天蠍裏我們準備好祈求重生——靈魂的復興。對於舊有與不健康的模式及經驗，感到厭惡及疲累，我們無情地嘗試消滅那些不重要、世俗，以及老舊的東西。當生命被剝奪直至骨骸的時候，我們剩下人類經驗中最深入的元素：性、出生、生存、深層的心理及情感的驅力、死亡，以及靈性。在天蠍座，我們回家了。

天蠍掌管性繁殖力——慾力（libido）。要讓（天秤座所著重的）社會和諧得以彰顯，社會需要重新創作自己。進化的驅力，現正在我們個體的核心之中被展現及體驗。然而，不同於金牛座，我們所體驗的性是生物及生殖導向的行爲，在天蠍中，性行爲成爲我們在所有層次中融入另一人類的方式。在天蠍座裏我們成爲個體的強烈需要，被渴望與另一人完全融合的更強大原始的欲望所超越了。性行爲成爲我們自我忘懷的入口，並潛在地提供深層的覺知，但讓我們渴求的不只是性而已。

天蠍所象徵心靈轉化的道路，潛伏了許多危險，包括權力的誤用、情緒及心理的掌控、殘酷、無情、操弄、占有、嫉妒、罪惡感以及恐懼。這條引領前往心靈重生的道路，可能是漫長及艱巨的。

在更高層次的展現中，天蠍體現了牡羊及獅子的勇氣、雙子及處女的銳利、金牛的堅持及力量，以及巨蟹及天秤的細心。這是讓人敬畏、羨慕以及恐懼的星座，當天蠍如魔法般轉化自我成為鷹的時候，一切都將成為可能。

射手座：弓箭手

♐

守護星：木星

元素：火

射手代表宇宙豐盛的法則，它是夢想及進步的原型。

在古代射手座的象徵是以人馬代表：半人半馬的生物把箭射向天際。馬是一種我們可以駕馭及支配，剛健力量的有力象徵。在射手座是以隱喻的方式，鼓勵我們探索遙遠的國度，尋找新的歷程。

在集體發展的過程中，從天秤座以正當的行爲開始，進行到天蠍座則是情感上安全感的尋求，現在則引領我們前往新的心靈視野——我們從天蠍轉化的深度重生而出時所抱持的新視野。弓箭手的箭正代表了心靈的新視野。

雙子及射手都是聰慧的星座，然而，在雙子裏基本上我們所關心的是，對於事物相互連接及互動等細節的了解，而在射手座我們比較被遙遠及抽象的連結所吸引，像是宗教、神祕學以及靈性。

射手座是人馬，不是鷹，鷹的知識來自更高的觀點及隱祕的處所，因此，射手的信念結構，雖然植根於心靈深處，亦是來自從社會承襲已知及有形的結構。

當我們正在活出射手的歷程時，集體仍然主導社會的需要，並仍然優於個人的需要，在這個時期，抽象的概念及理想會啓發我們。社會運動、所有事物的原因及探索都讓我們著迷，而由於我們繼承了星座的美德，體現了力量及了解，因此只要走下去，就可以到達目的地。

純粹射手座的性情是完全的誠實、開放、直接，不同於天蠍座的祕密及隱藏。而射手的缺點包括誇大、偽善、揮霍、過分樂觀、不堅持、不夠圓滑以及盲從。

假如敢於遊歷射手最高的道路，生命會提供許多機會，以發展我們的創造性視野，因此我們可以啓發他人。然後，當我們準備進入射手的大地時，我們就與偉大的人馬合一，並重獲神聖預知的力量。在這個吉祥的時刻裏，我們的意識上升到極高的層次，再回來時我們將體認到我們的任務，就是把熾燃的箭往前射向整體人類的福祉。

摩羯座：山羊

♑

守護星：土星
元素：火

摩羯座象徵宇宙秩序的法則，它是彰顯靈性力量的原型。

春天永恆的諾言蘊藏在摩羯如大地般的性情中，當我們接受掌控物質的挑戰時，我們的靈魂再一次地，從前一個存在循環的僵化中重生。

摩羯象徵國家權威加諸我們之上，我們體驗到政治、組織以及國家的力量，並被挑戰去取得專業及維持社會中一個地方的秩序。

摩羯也象徵完全掌控自己的生物及心靈能量的完美人類——一個自然及不

費力地參與整體更大的生命的個人。摩羯，在其最高的靈性意涵中，象徵我們進入對於集體世界及眞我的直接覺知的吉祥時刻。

在摩羯座裏我們的任務就是具體化，讓射手座的抽象概念具體呈現。藉由具體地將射手座的願景表達出來，我們就能夠完成我們的命運以及土元素的經驗。每件事物都有它的時機，而摩羯（時間之父）就是時機的主人，耐性、忠誠、自我犧牲、責任以及堅持等等，都是摩羯最優秀的美德。

在牡羊座裏我們體驗到對孩童般的自我投射與無意識的渴望，在獅子座我們以盛大及自我中心的方式表達了個人的力量，而在射手座純粹的個體性被整體的視野所取代，現在，在摩羯座，我們內在具有把願景落實，帶進具體呈現的潛能，我們最高的目標是活出生命並展示自我。

摩羯座的缺點有惰性、自私、物質主義，以及缺乏樂趣，它的內在具備了神聖力量的承諾，在摩羯內在的深處，具有無私的愛以及服務社會的種子正在慢慢發芽，而將在寶瓶座突破摩羯人地的堅硬外殼。摩羯的結構是不能被永久固定的，而寶瓶座的改革者正在等待把它拆除及重建，僵化的事物永遠有待改革。

寶瓶座：攜水者

守護星：天王星
元素：風

寶瓶座代表宇宙分配的法則，是無私的愛及人道主義的原型。

神聖無私的愛的種子，藏於萬物。然而最豐饒的摩羯大地開始摻入寶瓶的土壤中。假如摩羯在其最高的象徵意涵中，是完美的人類，開始進入存在的新秩序的話，寶瓶便是象徵女性或男性從高峰下來所送予人類的靈魂，攜水者帶著一缸子可以把人類最高理想帶到生命的流泉。

黃道的固定星座永遠都釋放出力量，寶瓶座喚起人類創造性靈魂的力量，以證實理想，彰顯完美的社會。我們輕易地在社會及群體脈絡中表達了獨特的個體性，我們也許是宣揚自己特立獨行社會政策的怪人、狂熱者、反叛者，或人道改革家，而有趣的是，寶瓶座不只是分享他們的願景及天才。

不論這齣戲如何演出，寶瓶座的能量是，引領我們從國家或社會機器的一隻手（摩羯），變成把生命力投向服務世界及提升人類的導因。

攜水者的水缸完美地象徵了寶瓶座無私服務及分享的能力，對於寶瓶座而言，對眞理的知識並不足夠，目標是要把知識散布給所有人。寶瓶的氣質是在思想、演說、人文、無私，以及無止境對人事物的好奇中尋求解放、自由。在寶瓶座我們是在社會中以平等的方式運動，不像獅子座的兄弟姊妹，我們不要求成爲領袖，因爲我們在社會脈絡中本來就很自在。

思想上的民主及自由是寶瓶座的最高眞理，人類兄弟姊妹的概念描繪了我們思考的方向，然而，完全要社會上所有的成員都被這種新的意識所利益，舊有的結構必須完全被剝離，要達到這個目的，寶瓶座的力量可以變得非常破壞性，甚至暴力，然而，破壞的目的也只是爲了再建設。

我們的行星正在經歷寶瓶時期的過渡期以及急遽的社會變革，摩羯座的堅硬結構已經開始粉碎，保守主義以及強硬的規條，都在寶瓶座能量在人類多數的意識中植根時被超越。

在這些改變的背後，寶瓶座人感受到新的生命的來臨，然而要彰顯新生命，許多隱藏的恐懼及不安全感，都會在個人內在升起。寶瓶座的部分缺點有非個人及漠不關心的態度、爲反叛而反叛、自私、過度強調智力，以及純樸的喪失。

雙魚座：魚

♓

守護神星：海王星

元素：水

雙魚象徵宇宙慈悲的法則，是救贖及普遍性的愛的原型。

太陽在黃道帶旅程的最後一個階段來到了雙魚座——水相的變動星座。要顯現寶瓶座最高理想的光榮的願景，完全消滅的舊有模式及形制是必須的。

在雙魚座我們的舒適及熟悉感被剝離了，沒有穩定感、沒有可以依附的東西，沒有熟悉安全的網，完全沒有安全感。我們進入了未知及神祕的領域，最終將引領我們完全脫離人類存在的循環，而進入只能想像的進化過程及循環當中。

雙魚是如同偉大母親般的海洋，受海王星掌管，海洋不只深而且美麗，還是變化莫測而暴力的。雙魚，如同所有的水相星座，當被激起時可以爆發如潮汐般的力量。雙魚座的聖人會攜帶切斷及分離的佩劍。

雙魚座的飛毛腿幾乎是足不沾地的。其內在情緒化而且充滿靈感，這個難解的原型宣說著新的生活秩序。假如寶瓶座的聰明及自發可以類比爲核子的分裂，那麼雙魚座就是融解。每件事物都融合爲一，成爲完全的一體，因此很難掌握到清晰及分離的身分意義，因爲雙魚比較對應集體意識的層次。

雙魚是世界的拯救者，是最高秩序的化身。摩羯所彰顯的神性以及寶瓶神聖的靈魂，在雙魚裏達到最深層的完美展現。完美的智慧結合完美的愛，神聖的救主於焉誕生。

在雙魚中我們被要求把信任從社會中撤離——獨立並跟從內在的聲音，而不聽命於群體，對於未知及不可知要有不動搖的信心、把事情料理好、捨棄舒適及文明的寶瓶座生活形態，進入自然力量及元素的荒野之中。

在雙魚座當中，每件事都被超越了。生命中的所有嘗試以及準則都被放下了，要通過黃道最後一個考驗，我們必須堅強並且面對自我。假象、情結以及心理的泥淖，經常都與雙魚座的歷程相提並論，其實是伴隨著放下了已知的及信任的而來的。

我們的意識也許充滿了各種非理性的恐懼、不安全感，以及陌生、不明的精神性症狀，我們會尋求逃避個人痛苦及人類存在所感受到的悲劇，又或是在最後的開始及進展中退讓，雙魚座的人要面對及接受的是，生而俱有的慈悲及神聖的愛，是能夠完全接納及諒解的原型。

第五章 行星的力量

在可見的星空存在或發生的事物，沒有一件是不被地球或是自然所感受到的。

——克卜勒（Johannes Kepler）

在上一章，我們看到黃道十二星座如何象徵生活中循環的本質，以及每一個星座如何引領我們對於自己的心靈能量有更深入的了解。與之相比，行星象徵的是我們心理、情緒以及靈性能量場更具體的面向。行星的能量代表存在的不同面向，以及自然而然的自我表達。在消化行星的課題時，最好能夠整合及協調好我們複雜心理的不同元素。

由於宇宙無所不在的和諧及智慧，指派你去完成當時的某一特定需要，你就在某一特定的地方，以及某一時間內出生。當時的需要本身就包含有該需要的滿足，以及它靈性意義的精華。這是占星學給你最大的禮物——原型的生命模式，其中包含的是特別爲你而設的人類核心意義。

黃道十二星座的原型，形成一個舞台——以天空爲背景，依照我們意識及潛意識的指示，行星就在其上表演。大部分當代的占星技巧，包括自我整合的占星學，都是利用行星的位置作爲詮釋以及療癒的基礎。

古代及神話符號

行星不單只是越過天上的星空，更重要的是，它們以心靈本質的方式行經了我們潛意識的內在天空。行星的原型是極爲古老、強大以及原始的神話象徵。它們絕大多數以潛意識無形地影響我們的意識，偶爾也會發生不可見的強烈事件。

行星以位置及相位，來象徵每個人所體現的不同程度的個人整合。以下圖表中的符號、法則以及關鍵字，列出了這些行星如何象徵內在心靈本質，以及情緒及心理層面的複雜性。十顆行星（依照它們的象徵意義及對應關係）以天界祕密語言，告訴我們特定出生模式的意義。它們描述了我們如何能夠表現自己作爲人類的獨特性——如何以最好的方式表現出神聖的自我。

表五：行星

行星	符號	原則	主要關鍵字
太陽	☉	力量	生命力與靈魂
月亮	☽	反應	感性與變動
水星	☿	溝通	智慧
金星	♀	和諧	美感與關係
火星	♂	行動	力量與投射
木星	♃	擴張	樂觀
土星	♄	具體化	限制
天王星	♅	改變	創新與激進主義
海王星	♆	超越	慈悲與理想主義
冥王星	♇	蛻變	重生

行星的廟旺（Dignities）

傳統上，每一個行星掌管一或兩個星座。這種行星與星座之間的關係稱爲守護（rulership），例如：太陽掌管獅子座，金星掌管天秤及金牛等等。

當一個行星位於它所守護的星座的相對星座時，被認爲是在一種較弱的狀態，稱爲失勢。

而每個行星亦有一個最強狀態的星座，稱爲旺相（exaltation）。旺相的相對星座稱爲落陷（fall）。以下的圖表列出了各行星傳統守護、失勢、旺相及落陷的星座。

表六：行星的廟旺

行星	**守護**	**失勢**	**旺相**	**落陷**
太陽	獅子座	寶瓶座	牡羊座	天秤座
月亮	巨蟹座	摩羯座	金牛座	天蠍座
水星	雙子座、處女座	射手座、雙魚座	處女座	雙魚座

金星	金牛座、天秤座	天蠍座、牡羊座	雙魚座	處女座
火星	牡羊座	天秤座	摩羯座	巨蟹座
木星	射手座	雙子座	巨蟹座	摩羯座
土星	摩羯座	巨蟹座	天秤座	牡羊座
天王星	寶瓶座	獅子座	天蠍座	金牛座
海王星	雙魚座	處女座	巨蟹座	摩羯座
冥王星	天蠍座	金牛座	雙魚座	處女座

太陽（The Sun）

☉

有創造性的生命力

〈獅子座的守護星〉

太陽是力量、生命力以及獨立個體的原型。

偉大的生命，太陽，靈魂的光明，
一切的源頭及支援，
偉大耀目者，請到來，
當我們在你的神聖光線上舞蹈時，
展示你燦爛的面容吧！

太陽代表每個人內在運作的主動及男性動力。它的原則與榮格心理學中的阿尼穆斯（animus）相似。作爲靈魂在物質層面能量的展現及表達，它象徵了自我覺知、力量以及創造性。

太陽在出生圖的位置象徵我們的意志及生命力，因此，它反映了生命基本的創造性法則。太陽（不論是星座、宮位以及相位）讓我們至少在潛在的層面，完全地啓動自己以及重新發現我們神聖的精華。它是我們跟萬物源頭的連結，因此也帶有一體以及與一切生命相互連結的可能性。

太陽星座占星學，可能是對一門眞正藝術粗糙的諷刺，然而不論是在生物或靈性的層面，太陽卻是所有生命能量的源頭及支援。出生圖中的太陽，清晰地象徵了我們的創造性生命精華。要感受到完整及滿足，我們必須讓我們太陽的能量自由地散發。

月亮（The Moon）

☽

自我印象及情緒反應

〈巨蟹座的守護星〉

月亮是變動、被動以及無意識的原型。

姊妹、母親、女神，
狂野而自由，
在子宮中黑暗的遊樂場，
幻想如潮般入夢。

月亮本身並不會發光，然而卻美麗地以銀色的光芒反射了陽光。它是接受性及被動性的阿尼瑪（anima）。潮汐的韻律以及月亮的週期，反映了女性生殖的循環，因此，如同金星一般，月亮是原型性的女性象徵。

相對於太陽個人性及創造性的內在光芒，出生圖中的月亮象徵了我們的自我印象。自我的印象並不是一種對自己身分有意識及清晰的感受，而是一種對我們內在個體直覺或是無意識的反應。因此，月亮代表吸收了過去經驗以及心靈中烙印的善而成的自我印象。

我們的個性乃建立於過去的基礎上，而月亮跟過去所有的制約，尤其是我們早期家庭環境及與母親的關係有關，並且象徵了當我們仍被無意識的力量緊抓著不放時，所經歷的恐懼、焦慮、不安全感。本能、非理性、直覺、自我保護，以及養育行為等等的展現，都可以歸類為月亮的特性。

水星（Mercury）

☿

溝通者

〈雙子座及處女座的守護星〉

水星是思考、行動以及溝通的原型。

誠實的赫密士，
請賜予追隨者智慧，
讓他可以神聖思考翱翔，
並以光之羽翼生活。

按照神話的說法，水星是諸神的信差，雙腳長有翅膀，頭戴鋼盔，手持雙蛇纏繞的節杖。水星是心智的象徵，掌管智慧、溝通技巧、快速的思考、辨別能力。所有神經系統的操作，以及書寫、語言等，同樣是由水星所掌管。因此，水星在出生圖上的位置象徵了我們溝通、學習以及教學的能力。

水星提供太陽的創造性生命力有智慧地發揮的管道。它展示了我們如何記認及分析，不斷烙印在我們意識之中的現象世界。水星還象徵仲介以及促使對立雙方和解團結的協調者。

太陽代表我們的個體性以及自我意識的覺知，水星則讓動態的思考可以相互作用。透過這個過程我們可以學會新事物並且建立有意義的連繫。水星靈敏的智慧，同時具有分析及綜合的能力，展現出統合及分析的思考。

金星（Venus）

♀

愛與美的力量

〈金牛座及天秤座的守護星〉

金星是和諧、平衡以及和平的原型。

母親中的母親，最令人嚮往者，
眼中舞動著愛那奧妙的祕密，
黎明的女神，黃昏的女神，請降臨。

金星是被動及女性面的和諧行星，整合了各個部分而形成統一的整體。金星掌管愛、物質的美、女性面的性、藝術的過程、吸引力以及愛慕。

作為羅馬神話中愛及美的女神，金星描繪了一種創造讓人接受的社會規範，及在美感上讓人喜歡形象的欲望。如同太陽，金星也具有創造性，溫和地引領我們透過各式各樣藝術的形式，表達內在的創造性潛能。金星跟音樂家、藝術家、表演者、外交官以及夢想家相關。

作為出生圖上掌管關係的行星，金星象徵我們吸引伴侶的方法，以及可能發生的互動情形。它也跟愛神（eros）有關，投射成為我們對關係與連結的心靈渴望。金星在出生圖上還代表我們必須如何轉化面對情感及關係的價值觀。在出生圖上的金星，假使有強力的相位關係，意指我們太過於執著於外表、物質的舒適以及情感的滿足之上。然而，就更高的意涵而言，金星可以展現為自我犧牲及奉獻服務的行為，如此一來，短暫的欣賞就被轉化成為一種對真實的美及無私的愛的覺知。

火星（Mars）

♂

意志的力量
〈牡羊座的守護星〉

火星是氣魄、力量及變動的原型。

戰鬥吧！
因為勝利是必然的。
保持堅定，目光清晰，
我就是超級戰士。

火星對應所有人內在擁有高尚情操的英雄。他代表了自我的意志力，尋求對環境物質及心靈資源的掌控。這種內在原始的力量散發出驚人及深刻的生命力，以及有力的行動。它象徵我們的耐力、力量以及勇氣。

火星是男性的性能力。堅定及有力地去達成願望，不受任何人阻撓。火星是原始的戰士，命中注定要以勇敢地戰鬥的方式走過生命，並準備好要在這場聖戰中犧牲，不論這場戰役是否被外界認同。

依照神話學的說法，火星永遠都跟戰爭及侵略相連。這顆紅色的行星在巴比倫語中被稱爲「內爾格爾」（Nergal），掌管瘟疫、火、熱以及血液。羅馬人把火星稱爲「愛力士」（Ares），意指戰爭之神。

火星跟金星是兩個極端，金星尋求將多樣的因素整合成和諧的結果，火星則渴望改變及挑戰。他代表在多數占優勢的家庭、社會或政治環境中運作的不適感，這種對於妥協及配合的不適感，自然而然會造成意願的牴觸，最終爆發衝突。

在出生圖中的火星，象徵勇敢地採取開創性行爲的能力。火星還揭露了憤怒產生的機制，以及我們如何面對生命競爭的本質。火星顯示了在生命的那個部分，我們必須檢視自己的欲望，以及如何利用個人的力量。它迫使我們面對眞正的動機以及欲望。從憤怒、情緒生活的持續動亂、暴力、對立、性慾以及殘酷等，都是火星較低層次的展現。而較高層次的展現則包括不屈不撓的意志力，以及爲他人的利益而採取行動的勇氣。

木星（Jupiter）

4

施恩的哲人
〈射手座的守護星〉

木星是樂觀、機會以及擴張的原型。

對所有真正的追尋者，
賜予善行的各種回報。
騎在空中那戰車上的，
就是這位偉大的撫慰者，
我們幸運的主宰。

按照神話的說法，木星曾是眾神中的帝王。如同希臘的宙斯（Zeus）及羅馬的朱比特（Jove），他對萬物散發著如陽光般善良的本質。木星的擴張性及樂觀，完全是火星激烈及獨斷的相反。木星以豐盛的社會意識看待事物的願景，並樂觀地持續運作，毫不費力地將一切的所需帶來展現此願景。

木星象徵生命為我們所呈現的成長機會，以及我們對於精神及物質上自由及行動的渴望。木星還象徵了對於沒有拘束明顯的渴望，以及不切實際及冒險性的愛。

木星是一個未來取向的象徵，在我個人的生命當中，木星打開了新計畫、目標以及進步的大門，引領我們到達成長、富足以及自由自在的生活。木星的性格展示了一種天生無懼、無休止以及根本的溫暖，召喚我們去找尋哲理的探討、思想的展望，以及刺激的地理探險。木星是偉大的施恩者，一切美好事物的贈與者。最幸運的是，這顆逍遙自在的行星快樂及豐盛地在生命當中起舞，是我們凡人所夢寐以求的。

在出生圖中，木星透露了我們太執著於要大規模做事的領域，以及我們在物質、情緒、心理及靈性上過度擴展的部分。擁有木星特質的個人，通常是討喜、慷慨、公正及愉悅的。然而，放縱、缺乏幽默感以及誇大、奢侈、浪費等，卻是過度的木星所流露的行爲。

土星（Saturn）

♄

限制的法則

〈摩羯座的守護星〉

土星是結構、形式以及穩定的原型。

道路的開拓者及導師，
帶領我們不斷前進。
樸實及沉默的建造者，
額上刻有深邃的智慧。

土星在神話學上跟手持鐮刀，完整及無私地給與正義的希臘神祇「可諾斯」（Chronos）（意指「古老的時間」）有關。本來，他負責的是農業及重金屬，然而由於他不良的脾氣及行爲，而被免去他的職司。他的惡行包括吃掉了自己所有的孩子，除了最終戰勝他的宙斯以外。

作爲木星的互補，土星代表限制、警覺、責任、自我犧牲、耐性以及努力。土星收縮而木星擴張，土星是壓抑及羞怯的；而木星是狂熱及外向的。

在出生圖中的土星，象徵我們強烈的焦點、自我犧牲、耐性以及努力。土星較爲艱困的展現，是恐懼、不安全感、焦慮、罪惡感，以及其他我們在意識中建立自我限制的典範。土星也展現權威、控制、嚴肅、不苟言笑、死板、頑固、保守以及扭曲的言行。

作爲人格化的年齡及經歷，土星象徵在生命中透過艱困的課題，有技巧地指導我們嚴峻的導師。作爲嚴厲的監督，土星爲我們內在心靈的結構，打下堅實的基礎，並讓我們古老的生命及個性模式具體化。土星希望我們對於生命採取較爲現實的態度，並強迫我們透過延誤、失望以及挫折來學習眞實的教訓。他讓我們知道自己太執著於哪些社會規範或肯定，以及如何過於看重權力、權威以及聲望。

土星在出生圖中，揭露我們在某一領域中，需要透過實際的成果來得到安全感，以及在生命中的某一領域會受到最嚴苛的考驗。就最高的意義而言，土星象徵我們如何藉由實際的破壞及重新創造，體現自己內在的潛能。

土星經驗完全是關於面對物質平面生活嚴厲的課題，來認識個人的限制。假如我們有足夠的智慧，就會學習接受生命中艱困的經驗，並擁抱目前的處境。如此一來，就眞的吸取了謙卑、虛心、智慧及體諒等究竟的土星教訓了。

天王星（Uranus）

♅

光明

〈寶瓶座的守護星〉

天王星是革命性的變化，解放以及原創性的原型。

激進、清晰又強大的天王星，
未知銀河系那固執的傳達者，
動人的號召，宏亮並成功的禱告。

天王星是土星以外的三個行星當中的第一個。這些行星引領我們離開我們舊有的存在模式，指引我們去表達一種全新的個人及社會意識。

依照神話學，天王星跟宇宙原始的神歐蘭諾思（Ouranos）有關。祂是大地之母的兒子以及之後把祂閹割的泰坦（Titans）的父親。有趣的是，天王星跟雙性戀、同性戀，以及其他非傳統的性表達有關。天王星也跟普羅米修斯（Prometheus）相關，普羅米修斯從諸神處偷了火，以使人類可以擴展他們的知識。

天王星的能量，以一種暴力及任性的方式，破壞土星堅固的結構模式，遺留下毀壞後的痕跡。天王星可以引致心理及靈性層面巨大的轉化，然而大部分人仍陷在天王星所引發的內在騷動及療癒反應的時候，並不能完全掌握它完整的重要性。

天王星象徵一種以激進及不被接受的社會行爲，去放縱自己的欲望，並代表較爲反常的欲望及傾向。天王星掌管重新形成、人道主義、怪癖、發明力，以及電力、磁力以及原子的力量。

作爲清醒者，天王星在潛在更高意識的層面運作。它的象徵展現爲閃過的洞見、直覺、生命模式的突變、非常原創及嶄新的概念、發明，以及反叛、獨立、非正統、天才、怪異行爲的力量及過程。天王星以這些途徑延伸我們理性的思考過程，並引領我們調整（儘管不穩定及怪異）至宇宙意識的頻率，在此各種極端都融進整體統一的智慧當中。

在出生圖中天王星象徵生命中最被高度強調的領域，它強烈地把我們內在及外在的生活搞亂，讓我們上癮、興奮，不斷追求刺激、變化及冒險。如同這些領域被充了電一般。在最高的意涵當中，天王星意味我們生命中的這些部分，正準備得到解放及照亮。

海王星（Neptune）

♆

救贖及臣服的力量

〈雙魚座的守護星〉

海王星是終結及普遍性的原型。

生命中的水，
承載萬物，
深層及啓發性的喜樂，
與萬物融為一體。

根據神話，海王星就是希臘的海神波塞頓（Poseidon）的羅馬版本。波塞頓手持一枝三叉戟並且統領大海。就形式上而言，海象徵原始的物質（萬物的靈魂），萬事萬物都是從它衍生出來的，亦是萬物最終回歸之處。

海王星分解了天王星破壞的過程遺留下的殘骸。緩慢而肯定地，我們從物質主義的恍惚中被喚醒，並被帶進超越物質的存在當中。海王星力量的運作，完全不受我們的意識控制，而且是我們的心智所不能理解的。要正面地回應海王星的能量，必須學會臣服於它，並容許自己被引領走在一條美麗、神祕、充滿啓發性及在靈性結合的道路上。

要安全地通過這段海王星的旅程，必須好好地落實，先學習好土星的課題。不成熟的開放，並讓未覺知的生命之水湧入，將會破壞心理整合的過程。反之，當我們已經準備好時，這樣的經驗卻可以是光明的。

就心理學的名詞而言，海王星代表的是無限及無形的集體無意識。海王星帶來陌生及深奧的心靈體驗、奇怪的夢境及想像、高峰經驗、幻覺、騙局、逃避現實的傾向，以及非物質狀態的直接體驗等等。海王星是個人以及群體心靈殘骸的熔爐，它可以把無意識當中隱藏的事物帶到表面來。

作爲高階的金星，富有靈感的海王星是理想的製造者，以理想的伴侶、理想的社會、理想的形式等等各種對理想的想像，來逗弄我們，讓我們從面對自己脆弱及短暫的嚴酷現實中抽離。

海王星讓我們進入創造中那非物質及難以捉摸的領域，使夢境變成現實，從而讓我們變得具細膩的美感而且感性。

在它最高的象徵性意涵當中，海王星代表我們寬恕、非個人的愛以及慈悲的能力。假如我們的渴求夠強烈，海王星將會在自我發現的靈性旅程當中，引導我們。最後，海王星將揭開所有存在的奧祕，並向我們展示感官如何創造了整個幻境，而我們如何在此幻境中錯誤地建構自己的生命。

冥王星（Pluto）

⯓

隱密的破壞者
〈天蠍座的守護星〉

冥王星是重生、轉化、改變的原型。

永久的改變、根源、原因，
宇宙永恆的試煉，
生與死，一體兩面，
自我，不生不滅而永存。

依照古代神話，冥王名爲「黑帝斯」（Hades），是陰間的主宰。冥王星象徵一種強烈專注、無情、看似殘酷的力量。冥王星的力量代表事件發展上的震驚，以及祕密的行動。冥王星掌管重生、療癒、消除、生死的過程，以及強烈的性和情感的親密度。

冥王星的生命歷程，有一種無可避免以及深不可測的特性。這種能量所導致的改變，是一種強烈意外的生命發展，讓我們完全遠離熟悉而進入未知及不可知的領域。在冥王星的影響之下，我們被迫去放下一直抱持的事物，摧毀我們錯誤的身體、情緒以及心理上的執著，強迫我們去看清執著的眞面目。

冥王星在出生圖的位置，既象徵我們情緒上執著的傾向，例如：占有慾、嫉妒、罪惡感等等，亦顯示出我們釋放掉負面心靈模式，以及轉化自己而進入神聖自我中更美好景象的能力。

神祕的冥王星能量，在心理上代表迷人及強迫性的欲望及驅力。這種能量可以顯現爲精神病或是暴力行爲，又或只是輕易地轉變成爲更健康的彰顯。冥王星被認爲是更高階的火星，然而冥王星是天生的自我隱藏，而火星則是自我投射。火星明確的能量，在冥王星身上被轉變成導致身心創傷如火山爆發的突發事件。冥王星的力量也讓阻擋他的人避之唯恐不及。

如同天王星及海王星，冥王星象徵了一種超越的力量，它造成我們舊有生命過程的徹底中斷及破滅，同時亦帶來了全新及有活力的生命潛能。冥王星所象徵的個人轉化及復活，只有在過去的人格結構死亡之後才得以發生，它帶給個人靈魂從奴役中被解放的自由，它是在灰燼中升起的鳳凰，以及超生往天堂的靈魂。

第六章 上升星座及宮位

每個太陽都是上帝的一個意念，而每個行星就是該意念的形式。

——赫密士（Hermes）

出生時於東方地平線上升起的星座，被稱爲上升星座（ascendant）。我們的太陽星座取決於太陽在天上的年度循環，而上升星座則決定於一天的循環，即是地球沿地軸的自轉。

在出生圖上的圓形象徵黃道帶，即是太陽在天空中的軌跡。地平線由其中一條水平線所代表，而上升的角度就成了第一宮的開始，或稱「始點」（cusp）。它是在我們出生時於東方地平線上升，所以自然而然地，這個星座就被稱爲上升星座了。

出生圖上有四個非常敏感的點，被稱爲「四角」（angles）：上升點、相對它在西方的點，稱爲下降點（descendant）、南方的點，稱爲中天或天頂（midheaven, MC）以及最北方的點，天底（imum coeli, IC）。這四角相對地劃下了我們第一、第七、第十及第四宮的始點，或起點，並形成我們出生星圖的架構。

雖然上升星座基本上被認爲是出生圖上最敏感的一角，然而，因爲這四點跟我們生命的基本領域相關，都具有一定的重要性。四角的宮位——第一、第四、第七及第十宮，象徵生命中的區別及決定性因素，即是自我表達及個人身分認同、住所及家庭生活、關係結構與職業前途。

當決定了上升星座後，出生圖上的十二宮就依次而定了（圖二）。宮位是行星象徵性作用及互動的經驗區域。每個宮位代表了生命所經驗的一個特定面向，而每個宮位對於進入的任何行星或是所介於黃道星座的位置，都有一定的感應。

上升及十二宮爲我們出生時行星及星座的位置，所代表的原型潛能設定了界線。它們是我們完全發揮生命模式所必須的最終決定性因素。

自由的自我表達

正如先前提到的，由於宇宙那無所不在的和諧及智慧，指派我們去完成當時某一特定的需要，所以我們在某個時刻某個特定地點出生。而此「當時的需要」，本身就包含了此需要的滿足以及它的靈性意涵，事實上，我們的上升星座就是個人靈性意涵的清晰象徵。

對此能量敏感的人，會像是注入了一種自發性的強大生命力。上升星座象徵我們最自然的自我表達方式，比起其他的影響，包括太陽星座，上升星座（以及其主要相位）更能代表我們自我投射最自然的形態。它的核心，就是我們根本的自我（太陽星座）如何跟世界互動的方式，因此，上升星座就是我們關係的工具。

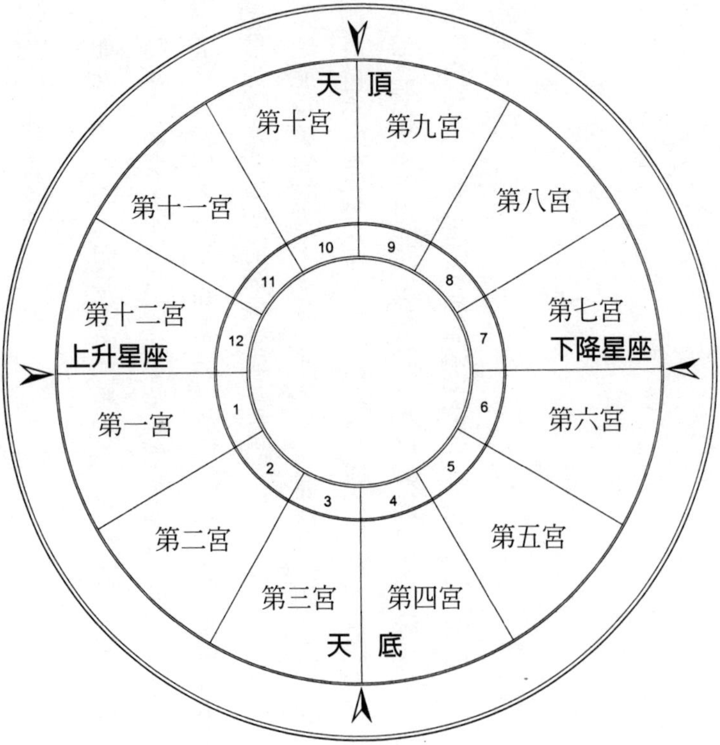
天頂
第十宮
第九宮
第十一宮
第八宮
10
9
11
8
第十二宮
第七宮
12
7
上升星座
下降星座
1
6
第一宮
第六宮
2
5
3
4
第二宮
第五宮
第三宮
第四宮
天底

圖二・四角及十二宮

上升星座不只象徵我們如何自由及自發地與他人產生關係，還象徵了我們的身體，並與我們基本的健康狀態有關，更有甚者，在流年及推運中，若有行星進入上升的範圍，都會影響我們的生命力及健康，而且常是頗爲戲劇化的。

主要的流年行星進入上升星座，尤其是後土星行星，都代表生命發展的重大時期——如何重新創造自己的重要時刻——有時候是發展一個新的形象，或是徹底地建立一種全新的生活。

這就可以引介到與上升有關的另一個重要概念——上升象徵我們所戴的面具。上升常常是我們投射出去的個性的一種形象——一種角色，而所投射出去的形象，有時候卻會跟我們內在的本質有所差異。

上升星座會以其元素的特質表現自己，舉例而言：上升是火相的人，會散發出一種果斷、有力及自我中心的個性；而上升星座是土相的自我投射，則是穩定、實際以及有能力的；風相上升的人會表現出適應力、外向、自發；水相星座上升的人，展現的是強烈的感情、細心以及自我保護的行爲。

然而，要謹記的是在詮釋上升星座時，行星是比星座遠爲有力的能量象徵，因此，假使有行星與上升星座呈現重大相位，又或是與上升合相，又或是在第一宮的話，那麼，此人上升所象徵的自我表達、形象或角色，就會依照相關的行星改變。上升行星，不論是在第一宮或十二宮，幾乎永遠都代表上升特性中的重要改變、力量或是色彩。

十二宮的特質與課題

對於宮位的綜合分析，有賴於準確地知道各行星在出生圖中座落的位置，以及所形成的相位，而以下宮位的描述及課題，將有助於發展出對占星宮位的了解。

第一宮

第一宮是代表個人身分認同，以及我們的個性、身體。每個人的太陽自我也是透過第一宮而定的。在第一宮的行星象徵獨立性、信心以及自發性。第一宮擁有重要行星的人，會顯得富有生命力、個人魅力以及力量。

第一宮中行星的關鍵意義是，它們推動我們爲了建立更強大的個人認同，所採取的第一步行動。

第一宮行星的考驗，在於對自我的控制，假如你的第一宮過度活躍，很有可能在謙卑、虛心、無私及自控方面需要下功夫。

第二宮

第二宮象徵我們的價值觀、對安全感的需要，以及對金錢、財產及財富的掌控，它會促進實際及穩定的生命經驗。第二宮的行星教導我們計畫、展示持久力，以及尋求健康及長久的價值觀。

座落第二宮中的行星，其關鍵意義在於，它們運作以考驗我們有智慧地展現及運用資源的能力，並顯示我們對於維持有保障的物質生活的需要。

第二宮行星的考驗是，爲了更大整體的利益，而不只滿足個人感官及物質的渴望，去有智慧地利用資源。假如你有強大的行星分布在第二宮，也許你需要透過分享你自己以及你的資源，而發展更大的誠實度、透明度，以及慷慨的心。關鍵的觀念在於，守護與個人占有是截然不同的兩端。

第三宮

第三宮代表我們對社會及理智上刺激的需要，以及我們對於各種溝通的渴望，它是分析心智的象徵，並掌管學習、語言以及認知。第三宮的行星教導我們，在生活中展現更大的開放性、變化、適應力以及才能。

行星座落第三宮的關鍵意義是，要求我們在社會及理智的溝通及學習技巧上，展現更大的熟練及整合度。

行星落入第三宮者的部分考驗，乃是需要發展出一種更爲平衡的生活方式，他們也許需要爲滿足靈魂的需要而學習——尋求與他人間眞實及有意義的交流，並且滿足他人的心靈。

浮誇不實的生活態度，是第三宮行星需要被導正的傾向，因爲第三宮的行星，可以造成對於新鮮刺激的事物及想法永不滿足的渴望，他們需要以穩定及平靜來撫平散亂的心。

第四宮

第四宮象徵我們對於居住及活動場所牢靠、安全、被保護的需要，它代表我們內在心靈生活的子宮，是自我及他人尋求滋潤及關愛之處。行星在第四宮，無意識地引領我們前往一種心靈的靜思當中，讓我們不只探索自己最深層的需要，甚至家庭、文化及國家的根源。

第四宮中行星的意義是，它們象徵尋求情緒生活上的平靜及穩定的需要，要求我們做出各種行動，以得到本質及情緒層次更大的整合。

第四宮的行星帶來的考驗，在於我們過於自我保護、隱遁、謹慎、病態的敏感及憂鬱。假如我們有行星落入第四宮，也許需要發展更大的樂趣、活力、豐富及喜悅，嘗試走出自己的舒適地帶，並勇於在生命中承擔風險。

第五宮

第五宮是我們的個人性中一種戲劇性的外展，它促使我們建立更安全的個人認同。第五宮掌管的是子女、浪漫關係、投機、表演及戲劇性的展示、愛情以及各種娛樂。行星進入第五宮教導我們在個人及社會生活當中，展現新層次的信心及創意。

行星進入第五宮的關鍵意義在於，要求我們將自己投進生命，例如，去領導、創造、承擔計算過的風險，以及做出重大計畫。第五宮的行星亦表示一種大膽及莽撞的生活態度，以隱藏內在所有的不安全感、恐懼以及弱點，而這可能是內在的空虛、不安，以及缺乏深層的靈性接觸的補償心態，使人對自我的過度重視。

假如你有許多第五宮的行星，也許需要發展一種以服務他人爲導向，以及對自己更爲謙卑的態度。被眾多行星所掩飾的深層不安全感，並不會被炫耀、虛張聲勢、過度的慷慨，又或是幼稚的把戲所克服，也不會完全被浪漫的事件、樂趣、遊戲以及閒言所隱藏，只有持續的內在反省，以及轉化心靈的療癒，才可以讓我們體驗到自己眞正的身分。

第六宮

第六宮象徵我們建立穩定工作習慣，以及有智慧的健康飲食起居的需要，在傳統上它與服務及就業有關。而整體健康的基礎，並不只是適當的飲食及運動，還與對過度掌控的自我表達的淨化能力有關。這些都是第六宮所代表的。

第六宮掌管就業、疾病、健康、飲食及工作，行星落入第六宮表示我們分析及紀律自我的方式，它們促使我們捨棄不重要的事物，以使生命達到平衡、純粹及清明。重新評估本宮中的行星所象徵的情緒及心理模式，可以讓我們緩慢而有技巧地改變過去的模式，讓它們變得更爲有用及持久。神經質、過度挑剔、煩瑣以及過度拘謹等等，都是過度著重生活的細節，而失去了整體的視野所顯現的部分行爲。

行星在第六宮的其中一個關鍵意義，就是對正確利用我們的身體、情緒及心理資源的認識。

第六宮的考驗讓我們接受持續的工作及紀律的需要，透過延長的工作、耐性、實習以及嘗試，我們學習到第六宮的課題，包括以健康及強化生命的方式照顧自己及他人，而這些將成爲我們眞實服務的表現。

第七宮

第七宮象徵我們對伴侶的需要，以及對與社會一致的渴望，行星在第七宮顯示，我們如何透過親密的一對一方式與他人產生關係，尤其是婚姻關係，也包括事業關係。第七宮掌管我們的社會共識，以及與他人共同合作、分享及交流的需要。

在第七宮的行星所象徵的關係，通常是被結構及法律所束縛的安排及協議，涉及共同的責任、義務、自我犧牲以及限制。比較而言，第五宮的關係，就是玩樂、友誼、樂趣及浪漫的偶遇。

第七宮行星的關鍵課題，就是透過允諾的關係，讓我們學習在深入及有意義的層次上，與另一個人分享。

第七宮的挑戰包含我們對於妥協、體貼的行為、社會責任以及誠實的能力。而第七宮的行星給我們的嚴厲考驗，就是在允諾的關係當中所感受到永恆的現實，以及自由的匱乏。

本宮的行星教導我們，重新評估自己對關係的欲望及強迫性的本能，以使我們最終可以吸引來體現某程度的愛及和諧，而有助於我們的身體、情緒、心理及靈性福祉的關係。

第八宮

第八宮象徵我們在深層感受及本能需要的層次上，尋求安全感的渴望。假如許多行星位於第八宮，生命也許就如同戰場一般，在此轉化的力量將帶來舊有循環的終結，以及全新循環的誕生。傳統上第八宮掌管淘汰的過程、共同資源、投資、遺產、保險、法人、性、死亡以及再生。

行星落入第八宮，象徵透過克服生命經驗當中最嚴厲的考驗而來，內在成長的巨大機會，它也代表昇華及重新定義整個人格結構的能力，促使我們尋求生命的眞實意義。行星在此位置，同樣與以徹底及堅持的方式完成事物有關。

第八宮行星的負面顯現是很猛烈的，包括精神病、暴力、殘酷、操弄以及邪淫等行爲。

第八宮的關鍵意義是，我們全都擁有驚人的力量，可以在心靈及他人生命的層次帶來轉化。

第八宮的考驗，包含對個人力量的運用，如何利用我們的情緒、心理以及性能量。在較低層次的表現而言，可以是過度重視自我以及操弄及苛刻的行爲。假如有許多行星在第八宮，也許需要在生命中燃起及體現更多的樂趣、信任以及開放性。

第九宮

第九宮象徵透過提升及發展抽象思維以及心智能力，而從中學習。行星在此宮位代表我們對於設定目標、實現想法、受教育、世故等等的渴望。傳統上，第九宮掌管更高的學習、法律、出版、長途旅行、運動、未來導向的活動、夢、預言、哲學、神祕學以及宗教等。

行星位於第九宮的關鍵意義，在於藉由表達強烈的信念及想法，可以在生活中體現一致及豐富的喜悅及生命力，並且象徵透過持續的學習、閱讀、宗教，以靈性的追求來擴展自己，其所象徵的錯誤爲教條、傲慢以及錯謬的態度。

行星於第九宮帶來的考驗，在於我們不只要思維，而且要在生命中體現理想及靈性。假如許多行星在第九宮，需要的是不再以夢想、憧憬、各種藉口等方式來逃避，繼續執著於自我中心的生活，而是要全然地活在此時此地。

第十宮

第十宮象徵我們的事業以及外在的成就，還有如何行使權力，如何適應權威。這是一個非常經驗性的領域，是我們努力扮演社會角色之處。第十宮反覆灌輸我們以工作的倫理——展示實際的結果。

行星在第十宮促使我們達成對世俗的企圖心，傳統上，第十宮掌管名望、權力、專業以及事業、父親及其他權威形象、國家、大型組織。行星位於第十宮，跟對於達到世俗成就的企圖心及堅定的態度有關，假如有許多行星落入第十宮，也許你會被無意識地驅使追求達到事業上的目標。

行星位於第十宮的關鍵意義，就是在世界的舞台上，讓我們以實際及嚴厲的態度，去發展及展現自己天賦的機會，以此爲自己及家人建立有保障的未來。

第十宮的考驗，包括自我不平衡及過度的野心，不擇手段追求成功及成就。假如第十宮被過度激發，也許會過於執著被認可、成就以及個人的權力及聲譽等表現。

第十一宮

第十一宮象徵增加參與社會、接受以及責任的需要，行星位於此宮位，讓我們傾向於透過體驗人與人之間的關係而溝通及學習，不論是一對一的友誼或是團體的參與及活動。

假如第十一宮帶有行星或相位，你將學會不費力地融入團體的情境之中，你也可能體驗到這樣做所帶來的一種新層次的自由、目的、獨特性以及安全感。第十一宮掌管朋友、團體、社團、社會，傳統上被稱爲「希望及願望的宮位」。

行星座落在第十一宮的關鍵意義，就是在家庭及事業以外，還需要一個努力的依歸及目的，而且，透過共同分享及參與以達到共同目的，發展出包容、無私的愛以及人道的精神。

第十一宮的考驗，如同第五宮，包含克服小我以追求群體的利益，並和諧地與他人共事，以體現所選擇的理想、憧憬或目標。另外還要學會，透過每個人重新引導自己的個人創造性能量，才能和諧地與集體的社會需要同步，群體的轉化才能夠達成。

第十二宮

第十二宮是我們學習最深層的情緒以及靈性本質的宮位，滋養靈魂的發展需要時間，第十二宮可以象徵我們關愛服務的能力，又或是我們逃逸、神經質以及壓抑的傾向。

第十二宮傳統上掌管醫院、監獄、避難所、看不見的力量以及敵人、神祕事物與通靈。行星位於本宮，讓我們對抽象的現實以及生命的流向變得敏感。它們還顯示了學習到自我忘懷、慈悲以及無私的愛等課題後的靈魂的美。

行星在第十二宮的關鍵意義是，象徵我們消融、超越以及轉化行爲模式的能力，指出我們以不論是藝術、音樂、宗教或是靈性等生命中必須及有意義的喜好，而讓生活更有靈性的潛能。

第十二宮的考驗包括捨棄嘗試過及信任過的方法，並冒險進入未知及神祕的領域。第十二宮的重點還象徵受騙及逃避的行爲、非理性的恐懼、恐懼症以及不安全感，它也可以只單純地象徵一個美麗的靈魂，自然而然地散發出非世間的純粹、力量、智慧以及了解。

表七：十二宮的意義

宮位	意義
I	自我、個性、生命力、自我投射，以及肉身
II	個人資源、安全感的需要、價值觀，以及收入
III	智慧的追求、兄弟姊妹、短程旅行、溝通、演說、認知，以及書本
IV	居家環境、母親、本能、傳統、早期生活
V	個人表達、創造力、兒童、愛情生活、投機，以及遊戲
VI	工作、健康、服務、學徒、就業、義務，以及飲食
VII	合夥及婚姻
VIII	共同資源、繼承、重生、死亡、轉化、性，以及心理情結
IX	高等教育、旅遊、神祕學、宗教、運動、法律、目標，以及未來

X　事業、父親、聲望、企圖心、權威、國家，以及組織

XI　友誼、希望、群體活動、人道理想，以及發明

XII　內在生命、隱居、靜修、逃避、理想主義、藥物、醫院、監禁，以及神祕

第七章 相位：神聖的轉變

梨子種子長成梨樹，堅果種子長成堅果樹，神的種子成為神。

——艾克哈（Meister Eckhart）

出生圖中行星的相位，象徵我們心理的複雜性、心靈本質整合的程度，以及人生道路上很可能遇上的原型考驗及阻礙。占星潛能的自我整合，基本上利用的是某些被稱爲有力（dynamic）的相位，而要處理最有力的相位就是四分相（square；行星間呈九十度，符號爲□）、合相（conjunction；零度；符號爲☌）以及對沖（opposition；一百八十度；符號爲☍）。

除了有力相位外，還有其他的相位，例如半六分相（semi-sextile；三十度；符號爲⚺）、八分之三相位（sesquiquadrate；一百三十五度；符號爲⚼）以及十二分之五相位（quincunx；一百五十度；符號爲⚻）。還有一種稱爲流暢相位（flowing aspects）的，包括三分相（trine；一百二十度；符號爲△）以及六分相（sextile；六十度；符號爲⚹）。

在以下的練習及療癒當中，我們將明顯著重在利用有力相位的象徵，作爲內在轉化的關鍵上，這並不是說流暢相位並不是出生圖上要整合的部分，只是由於有力相位通常表示情緒及心理上的阻礙，而且幾乎必然有某些狀況，所以一般都必須特別費心去處理它們，以讓生命產生正面的改變。

呼喚內在的英雄

出生圖上的有力相位，指出我們需要面對的心理上的限制及阻礙，偶爾，有力相位會迫使我們，在所象徵生命的相位當中，發展出一種更爲細緻的態度。要面對這種內在錯誤的心理及情緒模式，以及其所造成的內在張力，經常讓人感到難以承受。張力愈大，永遠代表心靈成長的潛力也愈大。正如榮格無情地指出：「沒有痛苦，就沒有意識上的進步。」

出生圖上的有力相位，幾乎必然地代表我們不可避免的內在及外在的衝突。我們的身邊微妙地圍繞著各式各樣的事件及情境，而我們會發現自己置身於一種，至少在意識層面會不惜一切努力去避免的情境。這些情境明顯的就是，安排把我們過去在意識中留存而該是時候改變的心靈殘渣，帶到表面來。這些在生命艱困情境中的內在張力，以及成長的可能性，結合了我們所經歷的痛苦，驅使我們以勇氣去呼喚內在的靈性英雄。假如我們內在有足夠的穩定度，以及清明的覺知，我們就可以直覺到神聖改變的力量正在發生。

絕大部分的人都明白，必須把過去心靈的殘渣（心理或情緒的包袱）轉化掉，才能達到自我整合以及自我探索的發現。不幸的是，多數人仍然傾向於一定程度的逃避以及壓抑，我們說服自己問題終會過去，又或是會自行解決，有時候則嘗試完全壓抑或忽略它們的存在，這兩種都是心靈層面上的否認。

我們都希望在生命中保留一定程度的控制，而絕大多數人卻希望，感到命運的韁繩被緊緊的握在自己手上，然而，我們根深柢固傾向的逃避、否認、壓抑又或是意圖掌控，卻完全有害於內在成長以及自我整合。

要正面及有效地利用本書介紹的技巧，我們必須放下掌控的欲望，畢竟，我們個性及自我的層次都是非常弱小及易受傷的，我們絕對沒有控制權，這就是存在的現實。

我們需要學習直覺地信任內在的過程，而先決條件就是我們信任自己及他人，而最後，我們必須信任生命。缺乏了這種對生命中美好事物的信任及信心，所有個人成長的技巧或方法都必定會失敗，因爲我們在第一步就跌倒了。

相位帶來的恩典

出生圖中的有力相位，尤其是當它們被天王星、海王星及冥王星的主要流年位置催動時，將會對我們有不利的影響。在這種情形之下，任何形式的逃避、否認或是壓抑，都不是明智的選擇：這最多可以帶來暫時的舒緩，而最嚴重時，它代表一種情緒及心理上的感染，無可避免地會導致各種精神官能症。

去面對有力相位所象徵的當前課題是很重要的，假如我們不去面對所指涉的課題，生命會把更多不愉快的經驗放在我們的路上，可能是以疾病（情緒、心理及身體上的）或是一些嚴重的外在事件，直到我們被拋離舊有的軌道爲止。

生命內在的流——無意識以及形上的，並不是單憑意志力可以對抗的，更不能被長期忽略而不發生不幸的後果。現實上，就是我們的更高自我，召來這些課題、危機及所附帶的一切。

正如我們所看見的，出生圖上的有力相位，標示出在我們心理本質中深藏的行爲模式，以及壓倒性的趨勢。它們通常展現爲強迫及無意識的自我表達方式。當我們在生命循環的開展一路走過時，自然就會遇到許多不同種類的經驗——生命的高低起伏。

創傷的經驗啓發並昇華我們，對「我們到底是誰」的認知，它們釐清了我們在創造的戲劇中所要扮演的角色。有力相位是機會的神聖象徵，讓我們在進化的旅程上大幅躍進，假使我們夠勇敢的話，歸根究柢，它們其實是帶來恩典的相位。

相位的力量

行星的相位象徵在我們內在運作錯綜複雜的心理動力，在實行上，相位是以在黃道圈中的角度來計算的（圖三），從地球向兩個行星劃出兩條線，取其中的角度，不必完全準確，一定的寬減度（Orb）或容許度，在計算上是被接受的。主要的相位列出如下：

表八：相位

符號	名稱	角度	寬減度
☌	合相	0°	10°
⚺	半六分相	30°	2°
∠	半四分相	45°	2°
⚹	六分相	60°	4°
Q	五分相	72°	2°
□	四分相	90°	10°
△	三分相	120°	8°
⚼	八分之三相位	135°	3°
⚻	十二分之五相位	150°	3°
☍	對相	180°	10°

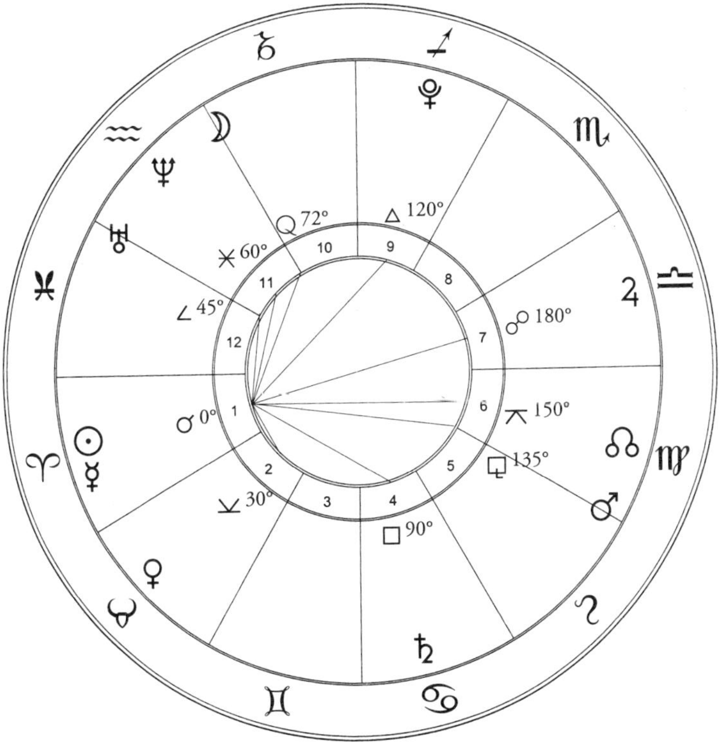

圖三・相位

調整有力相位

如同我們所見，有力的相位有合相、四分相、對相、八分之三相、十二分之五相以及半六分相（參閱圖三）。這些相位是神聖占星學中精采的部分，因為它們鼓勵我們付諸行動，以跟流暢相位不同的方式，驅動我們前往內在的成長以及生命潛能的實現，因爲這些因素，持轉化觀點的占星學一直認爲，利用有力相位比一般的療癒工作遠爲有效。

當我們有意識地處理有力相位時，就是開始爲自己的情緒及心理的呈現，以及生命的情境負責，所象徵及遭遇的挑戰也許非常大，然而那正是要把我們最大的潛能帶出來所必須的，假如我們可以勇敢地面對挑戰，我們將會成功地通過一場重大的生命考驗，而達到全新層面的個人整合，以及其伴隨而來的和平及喜悅。

有力的相位挑戰我們，在生命中的某些部分做出劇烈調整，這些相位讓我們的意識專注在特定的執著、弱點以及缺乏之上，最後，強迫我們能量流向的逆轉。我們不能否認，從這些相位而來在個人開展上的巨大潛能，然而，一如往常，重點是我們是否信任此過程、接受困難，以有意識並強化生命的正向方式去參與其中。

特定的相位以許多不同的方式表現在我們的生命當中，原型的課題可以很清晰地被相位所象徵，然而，存在的現實——特定的事件或獨特的情境，只能被揣測。

有力的相位一直在釋放能量，它們挑戰現狀，並把我們推離心理上的舒適地帶，透過正面地面對我們最艱困、創傷以及痛苦的經驗，我們學會放下過去，釋放掉一直抱持的情緒及心理包袱，在過程當中我們變得更爲完整、更有愛，以及更慈悲。

看到出生圖上所有的有力相位，很容易會失去客觀性，而把我們的恐懼、執著、焦慮、禁忌、阻礙以及不當，投射到其他人身上，尤其是在四分相及對相的情形，有時候，所有相位也會出現類似情形，而不論圍繞我們有力相位的實際事件及情境爲何，有一件事是確定的：遲早所象徵的挑戰都會出現。

自我發現的神聖相位

兩個行星之間的合相（☌）象徵合一以及行星能量之間的強烈互動。出生圖上的合相，代表跟我們要在世上投射的自己有關的主要課題。合相釋放的能量通常清晰而強大。它代表了我們心理上建構的一部分，是我們個體性的中樞。

四分相標示出互動間緊張及衝突的能量，考驗我們達到整合及和諧表達所象徵能量的能力，它們顯示了造成張力及釋放的地方，感到要採取行動的地方，以及運作在生命中的強迫性行爲及自我表達（或自我壓抑）模式出現的地方。

對相同樣是一種有問題的互動所產生的症狀，關係上的困難會更爲嚴重，如同四分相，內在張力及外在衝突的力量是非常強大的，正如其名稱所暗示，對相象徵我們能量場中必須迫切面對的部分。

一些對相及四分相讓我們看到難以控制、改變的部分，或是導向正面的自我毀滅、暴力以及盛怒的展現。如同意識中的其他模式，假以時日，透過正確的技巧，所牽涉的心靈力量的表達，是可以被提升而達到巨大進展的。

個人及土星外的行星相位

太陽、月亮、水星、金星及火星被稱爲個人行星，它們象徵我們個別基本及個人的部分：自我表達、情緒、心智、關係的能力、意志力以及決斷力。另一方面，在土星以外的行星（天王、海王及冥王），象徵超越純粹個人的生命秩序以及意識，外行星就像是超越覺知、銀河系間的訊息傳遞者，來到我們的生命作爲一種催化劑，是加快我們進化的過程。

當個人行星與外土星行星形成有力相位時，象徵跟探索自我有關的重大關鍵，這些相位清晰地指明了，我們能量場中一些主要的部分需要做出改變，而要處理這一類相位，應該再結合肯定句、祈禱文、觀想以及水晶能量轉化等既定技巧。

天王星的療癒反應（淨化作用）

任何的個人行星與天王星呈有力相位，都代表該行星被極度激發。天王星，就象徵而言，通常以突發、震驚以及戲劇性的方式，把我們從舊有的生活模式中抽離，它的能量在我們內在產生一種迫切追求自由及實驗的強烈渴望，以指數的方式加快我們生活的自然節奏。

這些相位象徵能量流的完全重新導向，生活方式及自我表達的根本改變、遺忘過去，以及實驗全新、刺激及極端的生活方式。

天王星的力量是完全不可預期的，它可以在一瞬間改變我們的現實、意識，任何涉及天王星的練習及療癒，都鼓勵生命中所處理的領域，出現突發、意料之外以及徹底的變化。切記，天王星會打破你及社會所有的規範及習慣，所以當你在處理天王星時，可以預期的就是不可預知事物的發生。

海王星的崩潰與突發事件

任何個人行星與海王星形成有力相位，都象徵開啓意識進入超個人及超驗生活的潛能：完全超越正常人類經驗層次的神聖生命。海王星，有別於天王星，它瓦解我們自我掌控的感受以及心理狀態。

海王星引領我們，緩慢而冷酷地進入沒有界限及已知形相的生命的領域。

當我們正處於海王星主要轉化的夾縫中時，我們所建立對現實的認知會被完全地剝去，再沒有任何可以把持的事物。

海王星幫助我們重新形塑生命的典範，然而首先出現的是，殘餘的過去個人結構徹底的分解，假如可以輕易放下的話，海王星有力相位會帶來喜悅及和平的體驗，因為我們都執著於自己的心靈模式、狀態、人物、環境等等，所以在海王星象徵地影響我們時，我們會先體驗到完全的迷失方向、定位等心理上的不適，以及普遍性的混亂。

假如我們學會信任內在的歷程，並放下對有形事物及感覺的執著（至少暫時地），我們就可以更輕鬆地跟隨海王星轉化性能量的流動。海王星，就象徵意義而言，把我們從限制中解放出來，還原我們的想像力，並打開我們內在心靈的通道。

假使你希望打開潛在的創造性力量，與生命神祕之美共鳴，並直接體驗我們眞正核心的一體感，那麼海王星與任何你的個人行星所形成的有力相位，將是你很好的著力點。就算沒有有力相位，你還是可以利用天王星的能量，它的祝福及喜悅正等待著你。

冥王星的轉型

冥王星與任何個人行星形成有力相位，都代表我們在轉化的活動中具有驚人的潛能，冥王星在我們存在最深不可測（或是隱密）的層次運作，從「空無一物」中，冥王星出現並迫使改變發生。它是我們靈魂最深處從束縛中解脫的自由呼喚的回應，冥王星是「從背後來的號角聲」，來毀滅及粉碎舊有的模式，冥王星牽引著我們，掙扎並尖叫著，進入生命的新循環。

冥王星的能量在不同層次運作，以代表神聖的靈魂煉金術，在召喚冥王星的力量前，我們應該已經準備好摧毀心智事件的發生——大量如火山爆發般的療癒反應。個人行星跟冥王星的有力相位，可以產生能夠帶來超乎想像的正面改變的力量及意志力，其力量是不容忽視的。透過毀滅我們看來脆弱的人格結構，屹立的靈性生命才得以出現。冥王星透過改變及轉型的力量，讓一切變得可能。

假如你準備好遊歷深度的內在本質，以得到重生的話，冥王星隨時可以引領你走過整個過程，可以預期的是，所有緊緊抱持的事物完全被撕碎的痛苦。

假如你想藉由利用冥王星的力量，以行使你眞正與生俱來的權力時，那你必須從內在信任更高的力量。只有完全的自我犧牲、無私的愛以及純粹的慈悲，足以在一路上保護你，而冥王星是爲那些勇敢的人而設的。

第八章 肯定句及祈禱文

「就算一片葉子的掉落，都會讓整個宇宙顫動。」

——奧義書

自古以來，不論是透過口頭宣說或是靜默的文字，言詞都是個人轉化以及重獲我們神聖力量的一種最有效方法，這也是它會留傳下來的原因。

宣說的言語本身就有轉化的力量，然而當它與潛意識的語言——象徵、暗示以及觀想——結合以後，更被提升成爲一種心理重生的驚人工具。

要重獲我們的力量，達到心靈上的整合，發展愛心、善意、慈悲以及永恆的喜悅，我們必須在每個片刻以字句表現出來。以這種最高及最純粹的模式，透過我們以字句表達出來，我們也透過字句表達了自己。

在整個言詞以及心念當中，有一種完整及眞誠的透明度，一種淨化及自然的情緒表達，結合了靈性力量的力與美，這是外人所幾乎不能理解的。

在療癒當中，宣說的言詞有許多不同的用途。其中兩種直接跟出生星圖有關，並且是最有效的技巧，就是肯定句及祈禱文。然而，在進入行星的肯定句及祈禱文以前，先看看在現實當中，心念以及潛意識所扮演的角色。

心念的力量

要改變生命，我們必須改變無時無刻都加諸在自己意識之上的心念本質。重獲力量的第一步就是，分析我們思考過程的本質。我們必須把注意力放在心念的特性及本質之上，從而改變周遭的環境。

請試試以下的實驗，記錄二十四小時之間流過你內心的各種念頭及感受。記下你的欲望、恐懼、你跟自己的內在對話，思考的強項以及弱點等等。這張清單本身就很有啓發性了。很少人意識到自己的心理模式已經變得多麼負面、瑣碎、迷妄、缺乏想像力、毫無創意以及隨俗。透過這樣的分析之後，通常大部分的人都得不到什麼好分數。

當再印證出生星圖之後，我們會發現，在自己的想法跟星盤上顯示的潛能之間是有共時性的。我們的出生圖，正是我們不斷抱持各種想法及情緒的一份清晰簡要的地圖。問題是大部分人對於自己內在創造力的失控，讓它變成了我們的主人，而不是由我們主導自己的心念去建立渴望中的現實。

現實不是由單一的念頭造成的，而是由習慣性的心念模式所建立而成的。這些在我們生命中的念力流或主題，在潛意識中根深柢固，並且展現出自己的力量：療癒或是疾病的力量、勇氣或是恐嚇的力量、富足或是貧困的力量等等。

切記，心念永遠都在尋求透過我們的身體、情緒以及心理層面得到彰顯。單一的念頭並沒有多少力量，然而假如幾個月下來的多次重複，在我們的意識及潛意識當中將會產生巨大的力量。這就是利用肯定句以及祈禱文的關鍵技巧。固定及長期的肯定句，可以消除負面的舊有模式，並且產生新的正面模式。這是轉化最奧妙的祕密之一。

我們不必遭受挖掘舊有模式陰暗面的痛苦，只要以希望取而代之，將嶄新模式、美麗的光明打開即可。數以千計被強大情緒肯定的、充滿生命力的念頭，可以在我們內在點燃起深層並穩定的全新模式，並徹底改善我們的生命。

多世紀以來，被許多不同文化的智者所使用的咒語，不外乎是吟誦有力的頻率而已。咒語（Mantra，梵文，意指心念的工具）的概念，建基於所有生命的深處都有一個神聖種子的頻率，透過肯定句及重複唸誦咒語，我們終將直接感受到這種與生俱來的創造性頻率，並且與它交流。

無形的助手

潛意識是一個將我們念頭及情緒的綜合體，如同魔法般展現在物質層面的機制。它知道所有曾經發生在我們身上的事情，並且記錄下我們所體驗到的每一個影像、氣味、知覺以及聲音。它還是指導我們所有生物性的生命過程以及功能的控制中心。

重要的是，潛意識一直在爲我們特定的需要提供指引、想法、洞見以及答案。這個我們生命旅程當中無形的助手及伙伴，就像是屬於我們自己的精靈一樣，只是我們不能直接與它對話及下達指令，往往只能以隱晦及無形的方式跟它溝通。

天界的肯定句

不同的人對肯定句都有不同的解釋，依照神聖占星學的脈絡，我們可以把它定義爲，以良善的動機眞誠地大聲或是默唸出有意義的字句組合，並將強大的心靈能量吸收進我們的生命當中。這些傳遞了智慧眞理的字詞、片語或是句子，都對應著在出生圖上編列成象徵符號，它們就代表了我們的自我以及潛能。

占星學的肯定句是一種生命中毋庸置疑、不證自明的眞理，而非關理性的推理及辯證。這是跟我們內在相關有力的陳述。換句話說，我們並不是在呼喚一種外在的力量或是個人來幫助我們，而是深信在肯定句中的意義及眞理，已經是自己潛在的一部分了。

肯定句是影響潛意識以及正面改變我們的生命最簡單的技巧之一。由於大部分人在同一時間只能在腦海中保持一個想法，所以肯定句就可以在我們的意識當中，種下會達成所希望的結果的種子。有一些應謹記的重點如下：

- 盡可能正面及精確地做肯定。
- 每天進行。
- 以最強烈的情緒來做肯定。如此你的肯定句會更急速地達到效果。
- 簡短的肯定句會比較容易重複及記得。
- 有規律地做肯定並感謝你的成果——溫柔對待自己。
- 對自己的信任，乃是基於我們所建立生命其正面的展現而來。假如你不能相信自己，可以嘗試去相信你的「自我」。
- 肯定你是一個獨一無二的人，擁有驚人的可能性。這是如同你的出生圖所說的真相。你是在時間及空間中所展現的一個神聖的生命，並且有權力把豐盛及快樂帶到你的生命當中。

現實是你可以直接及無限取用的一個豐盛宇宙的發電機，而你是整體存在的一個片段，一個生在地球要去圓滿一個目的及需要的原型。假如你相信宇宙就在等待重整，在人生旅程一路上幫助你，那麼意想不到以及有用的事物就會發生，幫助你彰顯你最高的命運。事件及情境會支援你。你將會一直被宇宙豐盛的法則所支持。

行星的肯定句

這些行星及十二星座的肯定句可以每天使用。你可以單獨使用，或是結合與出生圖上的相位或主題對應的兩句，而成爲一個單一的肯定句。甚至利用行星或星座相關的關鍵意義，創造自己的相位肯定句（本章稍後會有範例說明，如何創造以個人爲中心的相位肯定句）。

☉太陽的肯定句（與獅子座相同）

宇宙的力量不斷地支持我。

我自信地煥發內在的真我。

我是一個充滿生氣及活力的人。

我是生命中創造力的中心。

我是一個美麗及全然奇蹟般的人。

信心及希望是我個性的基礎。

我充滿熱情，並且熱切地接受他人的熱情。

我一天天地建立起強壯及健康的身體。

我接受大地的豐盛並且慷慨施予他人。

我對孩子流露感情及關愛。

我知道如何玩樂並享受自己。

我是一個快樂的人，並啓發他人的信任及信心。

我是一切事物的生命本源。

☽月亮的肯定句（與巨蟹座相同）

我細心地回應他人的需要。

我關心自己以及小孩。

我建立起一個支持及保護的家庭環境。

我充滿想像力。

宇宙的母性就在我體內，我愛護及滋養所有生命。

我信任自己的直覺，信任他人及自己。

我可以接受生命的所有禮物。

過去已經離去，我活在當下。

我的感情純淨，而我正面地回應生命。

我體現神聖的愛，因此我原諒。

我在服務他人中忘卻小我。

我順從、耐心，並且堅持。

愈變化，我愈穩定。

☿水星的肯定句（與雙子座及處女座相同）

我聰明而且才華洋溢。
閃爍的智慧充滿我整個存在。
我的思考非常非常地符合邏輯。
我以充滿智慧及悅耳的聲音發言。
宇宙的心智就是我的本質。
我多才多藝，並洞悉事物的本質。
我好奇，求知慾強，並善於表達。
我可以分析並清晰地看見自己所有的模式。
智慧的想法不時從我的意識流露出來。
我可以迅速及不費力地適應當時的需要。
我的心智是宇宙心智的一部分。
我辯才無礙。
我的思考清晰、公正、誠實。

♀金星的肯定句（與金牛座及天秤座相同）

我安於自己的人生，完全滿足並安於生命。

我和諧地和每個人相處。

我全心投入造就美感。

我當下是完美的。

我體現及散發對一切無私的愛。

圓融及老練是我的朋友。

我用和諧及喜悅圍繞人們。

愛是我的力量，我安於愛中，並為愛感到榮耀。

我順從局勢，而在順從中變得強大。

我臣服於至美的整體。

我慈悲及感性地體恤所有生命。

我是親切、溫和及唯美的人。

整體的創造力透過我而流露。

♂火星的肯定句（與牡羊座相同）

我是先驅及領導者。

靈性戰士的力量當下與我同在。

我對生命充滿熱情。

我能敏捷而有力的回應所有的挑戰。

也許我很衝動，然而我初始的反應是對的。

我並不粗魯，我直接而且坦誠。

我熱情地演出生命的戲碼。

我很明白並且肯定我自己的工作。

我有力量及勇氣，永遠可以重頭再來。

我充滿能量與熱情，隨時可以行動。

我永遠都會勝利——對於勝利，我是肯定的。

我只支配我自己，從而得以服務他人。

在危急關頭，我就是那個英雄。

4 木星的肯定句（與射手座相同）

在當下我創造出一個正面的未來。

給與愈多，我接受到愈多。

我的本質就是快樂。

我吸引來所有好的事物。

我有無止盡的熱情及樂觀。

我來自喜悅，活在喜悅。

我把幸運帶給接觸到的所有人事物。

我感到豐盛的圍繞，我就是豐盛。

我看不到問題，只看到解答。

我有健康而清晰的頭腦，以及強大的心靈。

我不斷成長學習，永不停止。

對於整個未來，我有寬廣的視野。

我只看到愈來愈多的機會。

♄土星的肯定句（與摩羯座相同）

我的忠誠至於極點。

我樂於承擔所有的責任，彷如無物。

我能承受，並可以永遠承受超越一切。

我有耐心，因為我了解時間的本質。

我熱切地期望成為偉大，只是為了帶動他人。

我小心、實際，並且負責。

我尊重全能上天的權威。

我只征服自己，控制自己。

在神性中，我是安全的。

我建立美好的外形，以便與他人分享。

我不會變老，只會成長。

我是無私的正義，然而我寬恕。

♅天王星的肯定句（與寶瓶座相同）

我是關懷大家的好朋友。

我有自發性及原創性。

我有磁性而且散發魅力的個性。

我享受改變及冒險。

我為生命著迷，我也是迷人的生命。

我的動機純正而人道。

我活在完全的自由當中。

我愛徹底及劇烈的改變。

我在最完美的靈性意識中徹底覺醒。

我擁有強大的意志力。

我是創造的天才，靈感如泉湧。

在生命的風暴中我仍能泰然自若，知所去向。

我充滿閃爍的智慧。

♆海王星的肯定句（與雙魚座相同）

我以純然的慈悲體恤生命。
我是一個充滿了光與愛的靈性生命。
我有美麗的夢境，現在我要彰顯它們。
我有無限的想像力。
遇到的人事物，都讓我生起萬物一體的感受。
我善於寬恕。
無限的安靜充滿我的生命。
我的本質就是愛。
我彰顯清明的思考以及純淨的情緒。
我自然而然地，順著生命正面的流走。
我完全地滿足。
我是一個神奇及有啓發性的人。
我是唯美及有創意的人。

♇冥王星的肯定句（與天蠍座相同）

我強而有力。

我毀滅只是為了建立更美麗的。

我是最忠實的朋友。

我永遠堅持到最後。

我對事物有深刻的感受，以及思考。

我以勇氣面對危機。

我永遠可以重頭再來。

我全然地享受生活。

我表達真理。

我是正面改變的力量。

我吸引來真實的關係。

我一天天地淨化自己。

♈ 牡羊座的肯定句

我是一切開端的開端。
我是宇宙心靈的火焰。
我是高尚及偉大的戰士。
大我的意志讓一切發生。
我展現生命當中智慧的力量。
我是新生命悸動的光輝。
在我所有努力的背後，都有宇宙智慧的支持。
我就是所有力量的源頭。
我就是所有的行動者；然而一切都是由上天所達成的。
我熱愛所有大小生物生命的呼吸。

金牛座的肯定句

我的智慧照亮前途。

在倒塌的世界之中我仍然自在地屹立不倒。

沒有事物可以阻擋我。

我充滿力量。

我不斷變得更強大。

生命的力量就在我體內。

我扎根深入大地。

我希望一切都是最好的。

我是大地資源的智慧監護人。

我了解並完全接納自己人類的需求。

我每天都平靜及淨化自己的情緒。

♊ 雙子座的肯定句

我敏銳地觀察、發現、區辨。

我是全知心靈的一部分。

我看透了事物的外表，直達現實的核心。

我與存在的所有事物都是相連的。

我以純淨的智慧看待一切。

我在世界的舞台上翩然起舞。

我為萬事萬物動態的關連深深著迷。

我在呼吸之間，吸入神聖意識的芳香。

我是偉大的仲介以及推手。

我的智慧每天都在增長。

♋巨蟹座的肯定句

我與神聖的母性無別。

由於核心的母性，我不得不散發愛。

月亮女神支援及滋養我。

我活在一切生命的心中。

我融入了生命的大海之中。

關愛的本質打開了所有大門。

我每天都汲取喜悅之泉的泉水。

我的意識充滿了慈悲及了解。

我保護及滋養所有生命的小孩。

我以溫柔的手撫摸。

♌獅子座的肯定句

我散發的光明照亮世界。
善行讓我榮耀。
我站立在最高的位置，卻是謙遜中的最謙遜者。
我展現出力量、意志及智慧。
我是世間的王子（或公主）。
我是生命戰役中的常勝軍，不可能被打敗。
創造性的力量是自我的一種投射。
我在夢中經歷死亡的冒險，醒來卻身處帝王的宮殿。
永恆的珠寶就在我心中之心。
永恆的光芒從我的意識中閃耀開來。
我戰勝了所有生命當中無知的魅影及幻象。

♍處女座的肯定句

我有足夠的耐性及力量去承擔我的責任。

我以善為基礎。

我的生命就是為了服務他人，服務就是我的生命。

我把自己奉獻給我的生命。

每一天，我都學會自我掌控的祕密。

我把自己的生命，奉獻予尊崇一切生命。

在最深層的寧靜中，我圓滿了自己的生命。

每次的考驗，都讓我靈魂中的黃金更為純粹。

一路走過所有生命的體驗之後，我仍然永久保有我的純粹。

♎ 天秤座的肯定句

我的姿勢是完美的平衡。
我聽到甜美神聖的旋律。
我是一切生命豐饒的母親。
我的生命充滿對真愛的洞見。
當戰爭肆虐時，愛是我的力量及慰藉。
我把關愛的友誼之手伸向大家。
我充滿創造性的智慧。
天界的紅寶石以及純金裝飾了我純粹的生命。
我的情緒安然及純淨。
我吸引來關愛及滿足的關係。

♏ 天蠍座的肯定句

我就是一切事物生命的法則。

我是生命舞台中的行動者及演員。

我是每戰必勝的。

我清楚知道自己與萬物本源一體。

我披著自制的長袍，手持著清晰洞察力之劍。

我的身體就是帝王的宮殿。

我的欲望引領我到神聖的自我表達。

在所有的狀態及情境中，我仍保有萬物生命一體的洞見。

我的死亡是為了再生。

我破壞及改變只為了建立更美好的形象。

♐射手座的肯定句

永恆的聲音輕柔地向我低語。
我抱持著真實的洞見。
我聽見萬物背後那動人的召喚。
我進入真實洞見的領域。
從永恆以來我一直在追尋的旅程上。
我就是愛與光明所照亮的小孩。
我享受所有生命的歷險。
我被生活中的喜悅及熱情所淹沒了。
我預見萬物至真至善的未來。
我完全接受自己的過去，並在當下創造出豐盛的未來。

♑ 摩羯座的肯定句

我體現上天的智慧。

我正在自我實現。

我從不忘記我是誰。

我建立起奇妙的形式。

我在所有生命的展現中，反映了上天的光明。

當我上升時，我會把他人都帶上來。

我一把砸碎了過時舊有模式的結晶。

我努力在每天體現慷慨以及體貼。

我的工作有意義，並讓我滿足。

神聖的智慧及了解當下與我同在。

≈寶瓶座的肯定句

我閃耀出智慧的美及光芒。
我永遠自由。
雖然我經歷了各式各樣的變化，我的本質卻是不變的。
神聖計畫的原始力量和諧地在我的生命中展現。
靈魂的風推動著我。
我是被天地所啓迪的小孩。
我是世界光明的透明管道。
解放降臨到我的身上。
我支持萬物的絕對自由。
無限的愛及無限的真理是我的本質。

♓雙魚座的肯定句

我為萬物帶來療癒。

我的夢境如魔法般高深奧妙。

我存在於萬物；我與一切生命一體。

我是完美神聖的一個影像。

我存在於世界之前，並將永遠存在。

我是永恆的生命，永恆地追求完美。

宇宙的喜悅充滿於我。

我是存在河流中神聖的微波。

我已征服了幻象。

我充滿了深度的慈悲及寬恕。

創造新的肯定句

選擇一個你生命中希望改變的領域，可以是跟你出生圖上的一個行星或宮位相關的領域，又或者是你生命中一個基本的主題。把你感到生命的那個領域中不對勁的地方寫下來，要絕對的誠實。當你完成時，檢視一下這張清單，找出你所習慣使用的一些錯誤的信念，或是自我限制的肯定。例如：

我就是不能擁有永久的關係。

男人最後都只是利用我。

我們最後都會吵架。

在每一個有問題的句子旁邊，再造一個新的正面肯定句：

我建立強而穩定的關係。

我吸引來尊重我的男人。

我的伴侶跟我溝通良好。

選擇這些全新強化生命的肯定句，並開始改變現實的過程。切記改變是一個持續及累積的過程，我們需要時間去改變已經建立的模式。只要有耐性及堅持，永遠都不會太遲。

以個人為中心的相位肯定句

讓我們看看出生圖上太陽與金星合相，我們可以檢視這個象徵的組成要素，建構一個簡單的肯定句，以彰顯它最大的可能性：

太陽跟我們的生命力、自我表達，以及我們所能使用的能量及權力有關。金星則跟我們在關係、愛、和諧的表達能力，以及容許創造性能量進入生命的能力有關。兩者會合的這個象徵，在較高層次而言，可以成為一個能夠作為生命的美感及創造力純粹管道的人，以及能夠透過動態及和諧的關係來表達它的人。從這些象徵意義，我們可以創造出許多不同的肯定句，例如：

我是生命中具創造力愛的能量純粹的管道。

我充滿了和諧，且藉由愛的力量出現而達到轉化。

行星相位的肯定句有無限的可能性，重點是它跟你生命中的有力課題直接相關。這些從占星學建構的肯定句的重要性，在於它們直接影響你的能量場。而且，假如它們是依照流年跟推運來建構的話，就跟你正在經歷的實際發展的階段相關。它們是以個人爲中心，獨特地爲了滿足某一特定的需要而創造的。它們可以帶領你走過危機，或是活化你內在某些潛在的潛能。

占星學行星的祈禱文

與肯定句相比，祈禱文意味著召喚宇宙秩序中的某種力量、能量、概念或是人物。事實上並沒有「內在」及「外在」的區別，然而對於我們這些尚未感受到自我實現這種最終至上極樂的人而言，這樣的二分法是存在的。我們認爲自己是在生命之流中分離的個體，而美好的生命對我們而言，是一些外在於我們的事物。

神祕文學指出，萬物都是我們本身俱足的，而當我們重獲這個層次的覺知時，其實我們一直都擁有這份覺知，分離的存在這個概念，就會如同想像及幻象般消失。然而，就我們的目的而言，肯定句及祈禱文的技巧，在我們邁向自我整合的道路上，是方便及有用的夥伴。

占星學的祈禱文，內容是召喚黃道十二星座以及行星的原型能量。以專注及有力的方式進行，可以讓它們更靠近我們，並在最後達到所想要的療癒結果。占星祈禱文（如同肯定句）同樣是個人化的，然而祈禱的句子，通常卻是隱藏在所要召喚其力量的特定行星或宮位的象徵語言之中。

偉大的生命太陽，原始的光明，我心所愛，請到來，以你的生命力、溫暖的愛撫，及永不衰竭的力量注滿我吧！我希冀你的力量，召喚你創造力的火花，呼喚你的豐盛及喜悅進入我的生命。

以下是行星祈禱文的一些例子——每個行星一首。大部分的祈禱文都是非特定的而去召喚原型的象徵性力量。然而你可以輕易地把它們修改成符合自己特定的需求及願望。實驗一下這些祈禱文的力量，你將會看到自己的生命一天天地轉化。

太陽的祈禱文

偉大的生命太陽，原始的光明，我心所愛，請到來，以你的生命力、溫暖的愛撫，及永不衰竭的力量注滿我吧！我希冀你的力量，召喚你創造性的火花，呼喚你的豐盛及喜悅進入我的生命。

月亮的祈禱文

我召喚水之女神，最被崇拜者，你的孩子們原始及神話的保護者。我祈求你的滋養及潤澤的能量，注滿我內在的空間。我需要感受你的存在，我懇求你愛的力量進入我的生命。

水星的祈禱文

我召喚水星深奧的智慧及真實的洞察力。我那敏捷的朋友，請以你的洞見及清明的心充滿我。請以你意識的機敏灑向我，讓我可以分析及整合生命的多種面向。

金星的祈禱文

我心所愛，一切中之最愛的金星，請到來吧。我召喚你真實而純淨的愛心，在生命的各方面提升我，啓發我。幫助我更能表達創造及維持一切生命那尊貴的愛，在展現你的愛時，感到言詞以外的喜悅及幸福。

火星的祈禱文

偉大的戰士，來吧。我召喚火星的勇氣及力量進入生命。感受到你的熱情及力量，我呼喚內在的靈性英雄與你的能量共鳴。這種開創性、領導性以及男性的力量賜予我生命。

木星的祈禱文

我召喚木星善的力量，我呼喚你的樂觀及熱情進入生命，幫助我把寬廣及豐盛的視野帶進現實，為我帶來好運，讓我能吸引及分享得更為完整。

土星的祈禱文

我召喚土星的力量進入生命，嚴峻的老師請到來，幫助我建立希望的事物，教導我接納及了解個人的情境，讓我在生命所有面向的智慧及公正中成長。

天王星的祈禱文

我召喚天王星的力量，以迅速地改變生命的情境，為我帶來神聖的自由及開放性，我尋求你具磁性及吸引的能量，去消滅過去的模式，並為生命帶進全新及讓人振奮的發展。

海王星的祈禱文

我召喚無限及深不可測的海王星海洋，幫助我消除情感生命中錯誤的模式。為我帶來啓示以及提升的靈性體驗，讓我可以更完全感謝及體認生命的一體及美麗。

冥王星的祈禱文

我召喚冥王星轉化的力量，我呼喚你淨化及重生的能量，給與我勇氣去誠實面對自己，以及能量去轉化自己進入光明神聖的自我。

以個人爲中心的祈禱文

讓我們來示範如何爲某人建立一個以個人爲中心的祈禱文，假設他的月亮在巨蟹，跟在射手座的火星對沖。過程跟建構相位肯定句是類似的。

把月亮在巨蟹的組成要素拆開，成爲接受性、滋潤的女性能量、女性法則、謹慎、自我保護，以及自我保留。火星在射手座關係到身體的能量及行動，它更特別與個人的自由、未來以及形上學有關。結合它們，這些行星及星座原型，暗示了一個人能夠透過女性的法則、接受性以及自我保護，來體現及表達身體的能量及行動。這種能量的流動，著重在個人的自由以及心靈的發展之上，而且暗示達到這些目標的態度是謹慎及仔細的。

這裡有兩個祈禱文：

1.我召喚月亮女性的法則以及接受性的愛，來幫助我的火星能量，達到我個人自由以及身體力量的目標。

2.我召喚火星的力量幫助我在各方面實踐我對家庭的關懷，以及每天都對我所接觸的所有人表達更多女性的愛。

祈禱文及肯定句都應該以絕對的信任來唸誦，如此希望的結果或能量的流動才得以發生。在我們意識當中的懷疑、恐懼及焦慮，都會大幅地削減肯定句及祈禱文的效果。潛意識不可能被愚弄，正確的動機是最重要的。純淨的願望及動機，是防止我們濫用這種有力技巧。

靈魂的能量以及有力的原型，圍繞及支撐著所有生命，假如我們要召喚它們，那麼絕對純粹的動機是不可或缺的。不只是要達到想要的目的，而且在完全安全的情況下達到。在利用這些技巧時，假使我們選擇的字句或是我們內在的狀態中，仍殘留著自私、貪婪，或是其他基本的欲望，那麼所肯定及祈求的力量，也將只是在基本的層次而已。

肯定句及祈禱文在使用上並不複雜或困難，這些技巧只是我們日常所使用（或誤用）的心靈力量的延伸而已。每一天我們都創造及散發各種的情緒、心念以及字句的力量，而我們也收到自己種下種子的果實。

上述的技巧可以有助於重新設定、淨化，以及消除潛意識中不正確的情緒以及思想模式。在這條以占星學邁向自我潛能開發的道路上，你就是轉化的基礎、手段，以及目標。每一天你都將有意識地重獲更多的力量。

第九章　星座及行星的觀想

星星——上帝的意念布滿天空。

——朗費羅（Longfellow）

觀想是我們轉化生命最有力的技巧之一，儘管近年來流行的創意冥想，像是一種新穎的自我激勵工具，然而其實從好幾個世紀以來，觀想一直在古老的神祕學傳統中流傳著。

這樣的教導乃建基於，宇宙以及其中的一切，都是從唯一絕對的創造者堅定的靜心當中，觀想及思維而存在的概念。而且，正如我們是一整體生命中的片段，我們也具備了透過思維與觀想而達到創造性體現的天賦。有趣的是，現代的理論物理學家也下結論說，自然現象的各種理論，包括它們所描述的法則，其實是人類心靈所創造——我們心理典範的結果——更甚於現實本身。

綠寶石碑上的銘印「有諸上，形諸下」，以隱祕的方式傳遞了這個天界及地上的概念，而不論我們是否接受這種生命創造過程的概念，事實上，觀想一直就是許多成功人士生活中的有效成分。要重獲我們的力量，應當使用任何可靠、安全、簡易又有極大效果的技術，觀想是最稱職不過的了。

假如我們可以接納星座的原型，是在人類集體無意識當中（如同榮格所指出的），而個人特定的行星原型則駐於個人的潛意識（如同本文所暗示）作爲前提的話，透過觀想來有意識地利用這些原型，我們不只可以參與將念頭體現的根本神聖過程，更重要的是，可以以個人潛意識及集體無意識能了解的方式實行。這種雙向的態度所帶來的療癒效果，將遠較一般觀想應用的技巧爲正面。

有意識的態度

有意識及平衡的生活態度，是透過占星學發現神聖自我的過程絕對需要的。假如在過程當中，我們的情緒過於起伏，又或是欠缺心理上的穩定性來讓我們落實的話，所引發的力量，有時候可能會超過我們的意識所能負荷，導致心理、情緒及靈性上更大的混亂。因此，在這個時候應該暫停下來，就自己個別的情況做出評估，檢視一下我們可以承受的心靈負荷狀況。只有在具備穩定的自我意識及覺知的情況下，才可以承受使用高劑量的觀想、水晶能量、祈禱以及肯定句等技巧。

在義務上的警告後，以下有一些重要的提示，在練習觀想的時候必須謹記於心：

- 觀想如同自己已經擁有所渴望的事物。要得到渴求的事物，應該想像已經擁有它——在想像當中看到並感受它，而且，相信自己值得達到這件生命當中渴望的改變。在眞實的感官意義上，那並不是在未來，而是在永恆的當下。在你的想像當中，成爲一個有意識的共同創造者，享受成爲一名參與者吧！
- 除非另外註明，否則要每天持續所選擇的觀想。
- 一直要把強烈的情緒加諸於觀想當中。

十二星座呼吸練習

要進行這個練習，必須先熟悉十二星座的符號及原型意義（參閱第四章）。對於發展對純粹能量以及內在潛能更大的感知，這是一個很有力的練習。練習幾個月以後，它會讓你從錯誤的思考模式中解放出來，並且在最後讓你更完整地散發出自己出生原型模式的眞實力量。

這個練習至少要做二十分鐘，並請確定不會被干擾。在開始時一週內不要多於兩次，稍後可以跟其他技巧整合，並隨意增加次數。

在椅子上放鬆或躺下來，將呼吸放緩到舒適的速度，做幾次長的深呼吸，有規律地呼吸。繼續專注於呼吸之上幾分鐘，感覺生命的呼吸進入身體內每一個原子當中，復甦及療癒你的身體。你現在在一種深層的放鬆及平靜的狀態中，完全覺知，並享受自己深入及規律的呼吸，讓生命的呼吸一路上清理你的內在，再把它釋放出去（在這些練習當中呼氣與吸氣間不要閉氣）。

吸氣時，想像一個金色的牡羊座符號，在一個火圈的中央。看著它從遠處的黑暗中出現，進入你內在的視野之中，當它出現在你內在的眼前時，感受及觀看它所散發出的牡羊座能量——發芽的種子，一切開端中藏有的力量。感受能量隨著你的吸氣持續進入自己。牡羊座的種子能量在你體內每一處循環著。緩慢的呼氣，讓這份牡羊座的能量留在體內。

以剩下的十一個星座符號重複同樣的過程，永遠都是金色的符號在合適的框架之中，在能量滲進意識時感受該原型的力量。火相星座的符號都在火圈當中，土相星座則包含在美麗的水晶當中，風相星座在旋動的風中，而水相星座則在一個清澈的水池中出現。

完成十二個星座的練習後，你充滿了神聖的能量及生命力，你感到內在的完整及滿足，充滿喜悅。持續規律地呼吸，覺知自己同時體現部分及整體，你是起點（牡羊座）和終點（雙魚座），以及過程當中的所有星座。

現在觀想十二星座的能量與你合一，它們形成一個白色的框架，非常細小，卻如同太陽般，耀目至不能逼視，在你的心的正中央。稍後，有意識地把這閃亮的光點提升，讓它停留在頭部。然後，在呼氣時，把整個黃道的光明有意識地以前額爲中心，往每一個方向散發出去，光明擴大並充滿圍繞身體所有的空間之中。

吸氣時，繼續觀想這耀目的光輝在你內在的空間中持續擴散，延續這個過程。當你看見光明擴大至無限而逐漸消失，就可以結束練習。

行星彩虹之舞練習

進行這兩個練習，你需要熟悉行星的符號以及其原型意義（參閱第五章），過程基本上跟星座呼吸練習相同。

深入而規律地呼吸數分鐘，在你進入放鬆及平靜的狀態時，觀想自己站在一片美麗的銀色地板上，堅強而穩定，不動如山。

想像火星如同一個火球進入你的覺知之中，在你的身邊時感受它原始的力量，在它與你合一時，你充滿了能量。觀想火星的光球轉化成為一個如同彩虹般的弧形，你就在這弧形的中央，而弧形的兩邊從你的左右延伸至銀色的地板上。

當你對火星的能量感到舒適時，以其他行星進行同樣的過程。首先，是木星的橘色漸層、其次是金黃色盤子般的太陽，然後是翠綠色的金星，最後是藍色的水星。

觀察並感受行星力量所形成的彩虹弧形。一切都完全在你的控制之內，你可以自由地在銀色的地板上走動，順著行星彩虹的節奏舞蹈，讓你的雙手控制彩虹的形狀，讓它們以你想要的方式移動。你是絕對的協調與平衡的魔法師，在生命的舞蹈當中輕鬆地舞動著。

下一步，吸氣時，觀想彩虹往上移動並在你的頭頂上形成圓形，而圓形的底部仍在你的心中。接下來，有意識地把行星個別的圓送回它們的本源處，一次一個，從火星開始，最後是水星。當你把它們送出去後，它們馬上就變回原來美麗的星球，最後消失在你內在無限的空間當中。在把它們全部都送出去了以後，花一些時間做深呼吸的練習，然後才再次張開你的眼睛。

平衡行星相位的觀想

這個練習藉由一次處理一個行星相位，以幫助協調特定的能量場。你所選擇處理的相位，應當象徵某個你生命中渴望改變的特定面向。

出生圖上的相位，象徵我們心理及潛意識模式的複雜性，任何由相位所象徵的情緒及心理模式都可以適用。那些所謂安逸的相位（三分相及六分相），通常需要激發而增加行動力，而有力的相位（合相、四分相以及對沖）則通常與需要調整的自我表達方式相關。重點是再一次使用潛意識可以了解的語言：

溫和的視覺暗示及符號，以更爲正面及強化生命的方式，取代舊有的模式，讓潛意識的層次做出改變。

進行的任何觀想練習，都可以調整以符合個人出生圖上的特定需要。稍做練習以後，就會對於發展及執行這些練習駕輕就熟。

以出生圖上金星與冥王星四分相的人爲例，這樣的人通常會在平常的關係當中感到嚴重的阻礙，而且擁有這種相位的人，在關係上經常會出現強迫性的性及情緒行爲。以下的觀想練習就是爲擁有此類相位的人而設計的。

進行平衡行星相位的練習，每次至少需要十五分鐘，同樣確定不會被打擾，一星期之內不要重複超過兩次。

放鬆坐在椅子上或直接躺下，將呼吸放慢到一個舒適的頻率，深呼吸，有節奏地吸氣及呼氣。繼續專注於呼吸之上，感受生命的呼吸進入你的存在，讓你感到清新及充滿活力。現在，你已經在一種深度放鬆及平靜的狀態中，對自己完全覺知，並且享受在深入而規律的呼吸之中。

接著，觀想一個美麗的翠綠色的球，從內在空間的遠處向你移近，它就是金星——純淨的愛及創意的原型。當圓球愈來愈近時，感受它的和諧，愛的能量從金星平靜地散發出來，包圍著你。一波又一波無私的愛流向你，並注滿你整個存在，你沐浴在前所未有最舒適及安全的愛的能量當中。

現在，金星的能量完全填滿了你，觀想一個強大及神祕的球體在你的頭頂旋轉，它就是冥王星，你可以感到冥王星的能量，一種具有磁性而且可以轉化一切的液態紫色光明，這是一種你前所未見或感受過的物質及力量，然而，你直覺地信任它，明白你就是它的一部分，而它也只爲你的最好著想。

然後，觀想冥王星的紫色液態光明照進並穿透身上每一個原子，你感到並看到它跟金星美麗的綠色能量合而爲一，它流進你最深入的內在，深深地吸氣，內心祝福這個現在以最深及美麗漸層的翠綠色光所呈現的能量。

當能量完全充滿你至滿溢的時候，觀想冥王星及金星慢慢往上浮，然後平靜地離開，慢慢地回到內在視野的最遠處，最後再次從視野中消失。張開眼睛，感覺遺留下來純粹的愛的轉化性能量。

召喚你的太陽自我

太陽自我就是你內在的指引以及神聖的守護天使，藉由召喚太陽自我，我們可以輕易地提升自我的能量，並且淨化我們的能量場。

放鬆，深入而韻律地呼吸……當你完全放鬆及平靜時，觀想自己在一個金黃色的球體之中，你完全被這種美麗及喜悅的太陽能量球所包圍。

再來，放鬆並享受在黃色能量球的頻率及創造性能量之中，觀想一個自己的形象在你面前，然而，這個形象更具神性，甚於世俗的你，祂是一個發光的生命——你的太陽自我。

觀想自己的太陽自我十全十美，並且放射著和平、喜悅、清明智慧以及純粹的愛，從太陽自我金黃色的能量場中，閃耀著紫色創造性的火花，並進入你的存在，你感到能量的祝福充滿內心。你進入了與你神聖朋友的對話之中，向祂訴說你最深層的需要及渴望，並尋求祂的建議及指引，以幫助你達成最高的命運。

在十到十五分鐘最親密的對話後，感謝你的太陽自我並觀想祂與你合一。驚人的生命力、創造性的智慧以及喜悅在你的身上脈動著，你充滿了能量，並跟你的更高自我有意識地呼應著，具備了進化及愛與光明的力量。

太陽／天王星的觀想練習

太陽／天王星的觀想練習，可以用來喚起生命徹底的改變，進行這個練習以前，內心應該先清晰地規劃好，生命中希望看見的是什麼樣的改變。練習中你將會召喚天王星的能量帶來這些改變，因此盡你所能的，愈精準愈好。

準備至少十五分鐘進行這個練習，一如往常，確認自己不會被打擾，一個星期不要重複超過兩次。

放鬆在椅子上或躺下來，放慢呼吸至舒適的速度，深長及規律地吸氣及呼氣，把焦點保持在呼吸上，感受生命的呼吸進入你的存在，讓你感覺清新及充滿活力。你在一種深層的放鬆及和平的狀態之中，對自己完全覺知，並享受著深入而規律的呼吸。

當你思考在你的生活中需要出現重大改變時，觀想一支白色的光束從頭頂進入你的身體，充滿體內每一條纖維，每一顆原子，讓平靜及喜悅滲透你的意識。再觀想白色的光點分成了兩個球體，一個是美麗的紫水晶色，另一個是金黃色，兩個球體都充滿了能量。

金黃色的球體象徵太陽的能量，它以你的心爲中心旋轉，感受你內心的開發性，以期待的心等候。紫水晶色的光球就是天王星純粹的能量，它以你的頭部爲中心旋轉，觀想如彩虹中的紫色充滿頭部。

現在，清晰地想像兩個光球，並唸以下的祈禱文：

我（名字），召喚天王星的力量；我召喚徹底轉化的改變出現在生命之中（指明某個特定想改變的面向），讓我可以更完全地在生命中體現（列出所想要體現的特質）。

以強烈的情緒重複此祈禱文三次，帶著清晰的動機並且相信所渴望的改變正在發生，幾分鐘後，觀想兩個光球的光明再次變成一支白色的光束，而這次這束白色的明光與你合而爲一，並且慢慢地充滿了你的每個部分。

第十章 相位及水晶能量轉化

上主，那真正的魔法石，
回應每一次的祈禱者，
就在你心中深處，
為一切珍寶之最。

水晶精微的能量頻率，乃是達到身心改變的最佳輔助，長久以來都廣爲人知。而數個世紀以來，水晶及寶石療癒及保護的特性，也都一直在東方及西方的靈性傳統中被流傳及應用著。

鑲有綠寶石、紅寶石、藍寶石以及青金石等的指環飾品，一直被各個文明視爲珍寶。從皇帝、皇后到滿朝百官，從赫密士的綠寶石碑到埃及人精緻的珠寶象徵，從古老的希臘人到羅馬人到印加族人，從北美印地安人到印度的瑜伽士——水晶能量運用的例子俯拾皆是。

不論佩帶的人是否明白它們內在的重要性，事實上人類的集體無意識一直都充斥著各種水晶能量的原型。近年來，對於這類奢侈昂貴的飾品的欲望，更讓現代人沈迷。魅力及虛榮的假象，已經篡奪了對於利用水晶寶石那原始及本質上更爲重要的療癒、轉化以及保護的目的了。

有智慧的人長久以來都明白，水晶對於身心的電磁場效應，並且尋求以它們作爲療癒及身體工作的輔助。較不爲人知的是，水晶的能量還可以用來改變我們潛意識中的模式，以及緩和某些行星潛在的負面影響。古代的印度智者們就是這方面的專家，並在印度靈性傳承的文獻中，留存著大量水晶療癒能量的神奇故事。

了解到集體潛意識當中充滿了各種水晶的原型以後，我們對於它們強大的療癒潛能就會有一點概念了，引伸這個概念我們可以體悟到：藉由利用適當的寶石，可以有助於改變潛意識的行爲模式，還可以把深藏在意識當中的潛能種子開發出來。

行星原型基本上跟我們的情緒及心理模式有關，而水晶能量的原型，由於它們高頻率的力量，提供了落實點以及能量流向的目標。它們本質上就能夠增強任何所接觸到的人或物的能量。因此，水晶及行星的原型，是具有轉化功能的完美結合。

然而，水晶不會分辨所提升的是正面或是負面的能量場，在此再重申一次，對所有個人整合及轉化的技巧而言，參與的個人有責任去覺知及了解，而我們要確認抱持的是純粹及正向的意向及態度。

結晶的物質是由土星所掌管，而土星是形體的建立者以及創始者，讓心靈的能量在物質界體現，土星還象徵我們在循環發展過程中，要捨棄腐朽的心身形態的吉祥時刻。

土星的力量，透過其所掌管的摩羯座，緩慢而肯定地引領著留存在我們內在心靈能量的釋放及淨化，它以情緒及心理上的抽離、無私以及兄弟姊妹般的愛等等的行爲及課題，引領我們進入全新的生命模式——以寶瓶座爲首的象徵。其次，我們也帶著完全與萬物根源合一的渴望，進入了雙魚階段的循環。雙魚有著從過去中得到解放及自由的衝動，會把我們完成一個階段的循環而進入存在的另一全新階段。

問題是，「我們要如何善用水晶的能量以及行星的象徵，以便在我們的潛意識當中產生強化生命的改變，讓我們體現成爲最高可能性的自己？」最簡單的答案，就是利用在出生圖上的象徵，找出與我們生命的潛在原型相關的適當水晶能量，並以實際而連貫的技巧或方法來運用它們。

要達到此目的，有許多高技術性及複雜的方法，然而，使用最簡單及正確象徵性的方法反而更好。以下列出了部分這些方法。有關如何照料、淨化水晶及其內在意義，已經有許多書籍詳細介紹過了，本書旨在簡要地探討占星原型以及水晶能量的轉化技巧，因此不再多作討論。

行星寶石指環

第一個技巧非常簡單，它包括將一種或數種寶石佩帶在某一特定的手指上。而所選的寶石、手指以及金屬，都是依照出生圖上的行星相位而定的。

傳統上，黃道帶上的行星及星座都有特定的寶石，因此發展出直接戴上出生戒指的方法。例如，太陽在獅子座可以佩帶黃玉或青金石，而太陽在牡羊座則佩帶石榴石或紅寶石的戒指。

關於寶石、行星及星座之間的關係並沒有很權威或肯定的指示，不同的作者各自會有一套不同的連結，然而，以下的圖表將會協助你自行選擇適當的寶石。假如你對某種沒有被列出的特定寶石有所偏好，又或是覺得有某種特定的寶石是跟不同的行星或星座對應的話，請追隨自己的直覺，信任你的更高的自我。

表九：寶石、金屬以及行星

行星	**符號**	**寶石**	**金屬**
太陽	☉	黃玉及青金石	金
月亮	☽	月光石	銀
水星	☿	蛋白石	水銀
金星	♀	祖母綠及綠色電氣石	黃銅
火星	♂	紅寶石	鐵
木星	♃	藍寶石	錫

土星	♄	鑽石	鉛
天王星	♅	紫水晶	
海王星	♆	海藍寶	
冥王星	♇	石榴石	

表十：寶石與十二星座

星座	符號	寶石	金屬
牡羊座	♈	紅寶石	鐵
金牛座	♉	祖母綠	黃銅
雙子座	♊	蛋白石	水銀
巨蟹座	♋	月光石	銀
獅子座	♌	黃玉及青金石	金
處女座	♍	玉及瑪瑙	鎳
天秤座	♎	綠色電氣石	青銅
天蠍座	♏	石榴石	鋼

射手座	♐	藍寶石及青金石	錫
摩羯座	♑	鑽石及綠松石	鉛
寶瓶座	♒	紫水晶	鋁
雙魚座	♓	海藍寶	白金

我們並不是只要選擇太陽星座的寶石而已，報章媒體上的「星座」，其實是一種過度的簡化、粗糙及渲染的占星學。要真正利用水晶能量以及占星學，會比太陽星座來得更複雜而有力，然而卻不會迷失在技術的層面。

正如先前所言，直覺是另一種選擇寶石的方法，也許你會直覺地感到必須佩帶某一種特定的寶石，又或是你被贈與某一種寶石，例如，你感到一股強烈的渴望要佩帶一顆海藍寶，又或是有人突然送你一顆，也許可以思考一下它跟你目前狀況的相關性，以及與你深層的內在是否有所共鳴。

不同的寶石與水晶與不同的行星及星座相關，同樣道理，你的每根手指也與特定的行星力量對應，而左右手也分別象徵了我們的潛意識及意識的表達（就一個慣用右手的人而言）。

例如：假設你在關係上有未被處理的憤怒的問題，而你的出生圖上太陽與火星呈四分相或對沖，在這種情形下，你可以找一枚金戒指，上面鑲有黃玉或黃水晶以及紅寶石，兩者呈六十度或一百二十度（六分相或三分相）以象徵這兩種能量的和諧。

佩帶戒指的概念，乃是對你的意識及潛意識傳達一個清晰的訊息：你已準備好，並願意改變這個特定部分的自己。

佩戴對宮的寶石

要加強自己的能量場，你也可以佩戴體現與負面心理相位在黃道上對沖宮位的能量寶石，就之前提及的情形而言，你可以在右手佩戴祖母綠的銀指環，以加強有意識地表達更爲關愛及和諧本質的能量。

一些著名的靈性大師，提出必須佩戴至少兩克拉以上的寶石，以讓其電磁能量發生作用，如果情況許可的話，請儘量採納這個建議。然而很多時候這樣的成本讓人難以負擔，尤其是在需要的是數種不同的寶石時，在這種情形之下，一顆較小但品質較佳的寶石就足夠了，因爲品質與大小是同等重要的。

假使可能的話，最好讓所佩戴的寶石可以碰觸到你的皮膚。因此，你必須要指示你的手飾工匠確認指環上的寶石位置，在佩戴時可以接觸到你的手指。

寶石護身符

利用吊錘以及其他手飾配件也可以達到類似效果，護身符的配件本身的面積愈大，象徵行星相位的力量就愈大。

整面護身符可以象徵人生中好幾個不同的課題，它會成為我們個人活生生的能量象徵，慢慢及不知不覺地幫助我們，從負面的潛意識模式的影響中釋放出來。

當我們結合運用護身符與肯定句及祈禱文，再加上觀想的技巧時，我們就擁有了讓生命得以重生的強大力量。所有這些方法及技巧，都可以完美地互相配合，並讓我們自我發現及整合的過程更順利地進行。

金匠以及金屬等手工藝術，在本能及本質上都可以帶來深度的滿足，這種結合了高熱、水、貴金屬、美麗的寶石以及創意的組合是非常引人入勝的。雖然也許本書大部分的讀者都不能親身學習到這種技巧，然而我還是要建議大家，創造自己的指環或護身符的每一分力量，都會得到豐富的回報。

你不只有意識地決定讓自己的哪一部分重生，而且藉由設計及製作自己個人化的飾物配件，你將會直接地參與創造的過程，如此一來，在你意識中的效果必定會更爲顯著。

水晶能量整合

這個非常簡單的練習，可以在感到疲勞、無力或是缺乏內在的和平及喜悅時實行，它同時可以在你希望開始一件新的事業或是完成一件重大的工作時，有所幫助。你需要的是兩支白水晶柱，又或是任何一種你偏好的水晶柱兩支。

雙手握持水晶柱，坐著，然後觀想水晶的電磁能量流開始圍繞在你的身邊，想像（必要時也可以「假裝」）自己可以感受到這份能量，它從你的腳掌開始，慢慢地往上移動，直到包圍了你整個人爲止。下一步，讓你右手上的水晶柱指向天，左手的水晶柱指向地。

現在，默默或是大聲的祈求水晶的能量進入你的身體，並幫助你體現任何你所渴望的能量、喜悅、關係、新的工作等等。切記，水晶是由土星所掌管的，它是物質的建立者，把事物以具體形象體現的原型。

當你直覺地感到能量的轉化已經發生時，感謝水晶的力量並把能量從左手的水晶導進地下。這是落實能量的象徵，以達到你所渴望的結果。可隨意重複練習，祝福你心想事成。

第十一章　尋找出生圖中的重大課題

占星學是落實在人間，並應用在人間事物上的天文學。

——愛默生

在你可以開始練習占星學強化能量的心靈技巧，即是肯定句、祈禱文、觀想以及水晶能量轉化以前，你必須先學會如何從出生圖中找出一些重大的課題。

當人們普遍認為占星學是極其複雜的學問，需要多年的研究與實習才能夠精通的時候，只需要遵從一些基本規則，你就會發現要從出生圖中找出一些重大課題，相對而言就簡單得多了。我們並不否認占星學中的某些方面確實很複雜，而且需要高度技術，然而，憑著一些基本概念及想法，來運用在實際而不複雜的方式上，仍是有可能的。

正如之前的章節所提到，占星學的基本語言是由黃道十二星座、十個行星以及它們在個人出生時的相互關係所組成。

假如我們把觀點簡化，而專注在最爲顯著的行星及星座元素上面，則只需要依照一些既定的規則，就可以找出某些重大課題了。爲了幫助你練習，建議你可以在往下閱讀的時候，把所找到關於自己的重大課題記錄下來。

出生圖中重大課題的象徵如下：

- 上升星座及第一宮的行星。
- 依照星座及宮位位置找出守護星。
- 太陽及月亮（光明）的星座及宮位位置。
- 主要有力的相位。
- 位於四角的行星。

現在，讓我們更深入地逐一檢視這些要素，並看一些出生圖範例。當了解其中的概念時，你可以在自己的出生圖中找尋並記錄下適當的細節。

上升星座及第一宮的行星

第六章討論過上升星座在心理層面的角色及內在意義，在繼續以下的內容前，也許你可以回頭重讀相關的章節，以重新整理自己的理解。

一旦計算出你的出生圖時，要找出上升星座及任何第一宮的行星都是易如反掌的。只需看出生圖的左邊，就可以找出上升星座，有時候在它的旁邊會註有縮寫「asc」。要找第一宮的行星也很簡單，它們通常都照數字排列——只要找出註有此數字的格子，便可以找出裡面的行星。

上升星座及第一宮，提供了打開星空密碼中個人生命潛能的第一把鑰匙。這些因素就你最自然的自我表達，提供了驚人的洞見，同時指出對你生命能量的自然流露中可能產生的阻礙（上升星座的相位以及其他基本的相位，稍後會提及）。

在範例出生圖中（圖四），上升星座是雙魚，第一宮中沒有行星。現在看看你的出生圖，找出上升星座及第一宮的行星，記錄下來。假如你手上沒有自己的出生圖，外界有占星網站或軟體服務，可以快速幫你計算出你的出生圖。

守護星：星座及宮位

守護星是占星學中一個非常古老的概念，原本被稱爲「命主」（出生圖之主）。命主不只負責我們的出生，而且看管我們的一生。在古老的占星學中，命主的力量就像一位神明一樣，被宇宙的生命所指派，依照神聖的計畫照顧我們生命的開展。

依照星座、宮位及相位所找出的守護星位置，對我們的命運及潛能是很重要的象徵。它美麗地象徵了我們基本的傾向及生命經驗的場域。要找出守護，只需找出掌管上升星座的行星，以及它所有的星座及宮位即可。

範例中，守護星是海王星，位於天蠍座以及第九宮的始點。現在，看看你的出生圖，找出自己的守護星（掌管你上升星座的行星），並記錄下它所在的星座及宮位。

第五章介紹了太陽與月亮的意義，要找出太陽及月亮的星座及宮位，也是非常簡單。在範例出生圖中太陽在天秤以及第八宮，而月亮在獅子第六宮。現在，看看你的出生圖，找出自己的太陽月亮並記下它們所在的星座及宮位。

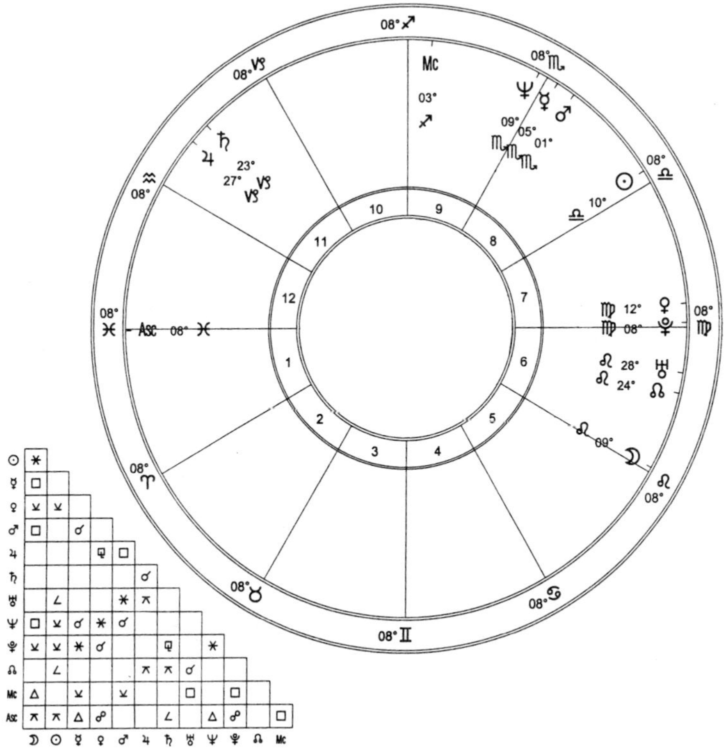

圖四：1961年10月4日下午4時於紐西蘭因沃卡格（Invercargill）的出生圖

主要的相位

要利用占星學達到轉化的目的，我們將會在出生圖中尋找以下幾種主要的有力相位，並以此建構相關的練習及療癒方式。容許度或準確度是十度（請參閱第七章）。

主要的相位如下：

- ☌合相：零度。
- □四分相：九十度。
- ☍對沖：一百八十度。

假如你的出生圖上並沒有上述相位，那麼可以尋找以下較次要的相位取代。容許度爲三度。次要相位如下：

- ⚺半六分相：三十度。
- ⚼八分之三相位：一百三十五度。
- ⚻十二分之五相位：一百五十度。

一份電腦產生的出生圖，可能把上述的相位都包含在一個圖表上（見圖四）。然而，假如你的出生圖上沒有已經計算好的相位的話，你也可以自行計算。以黃道週天三百六十度來計算，找出三種主要的相位並不難，以下有一些例子會幫助你稍具概念。

在範例出生圖中，看看你是否能找出以下相位：

- 月亮與火星、水星及海王星呈四分相。
- 金星與冥王星合相。
- 火星與海王星合相。

現在，在你的出生圖上找看看，並把主要的有力相位記下來。

位於四角的行星

當行星與出生圖的四角：上升點、天頂（在範例圖中縮寫爲MC）及其相對的角度形成合相時，尤其是在第一或第十宮，將在你的生命中顯得特別明顯有力。

任何行星與上升、下降或天頂、天底的軸線呈合相，在分析出生圖時，都需要特別注意。儘管它可能是在你的第十二宮，而與上升點呈合相，仍然象徵你生命中一個重大課題或是強大的能量流。這樣的行星若再有其他有力相位出現時，甚至可能主導著整個上升星座的能量。

要找出與四角合相的行星，只需在四角看看是否有行星在其十度的範圍內，在範例出生圖中四角合相的行星情形如下：

- 冥王星在第七宮。
- 金星在第七宮。
- 天王星在第六宮。

現在，留意自己的出生圖是否有與四角合相的行星，所蒐集到的資訊，你已經可以擬訂自己獨特的自我強化占星計畫。然而，假如你對於找尋出生圖中的主要課題仍有困難的話，也許以下的例子以及再練習整個程序，將會對你有所幫助（圖五）。

正如本章先前所言，出生圖的重大課題由以下各點所象徵：

- 上升星座及第一宮內的行星。
- 守護星——其所在星座及宮位。
- 太陽及月亮所在的星座及宮位。

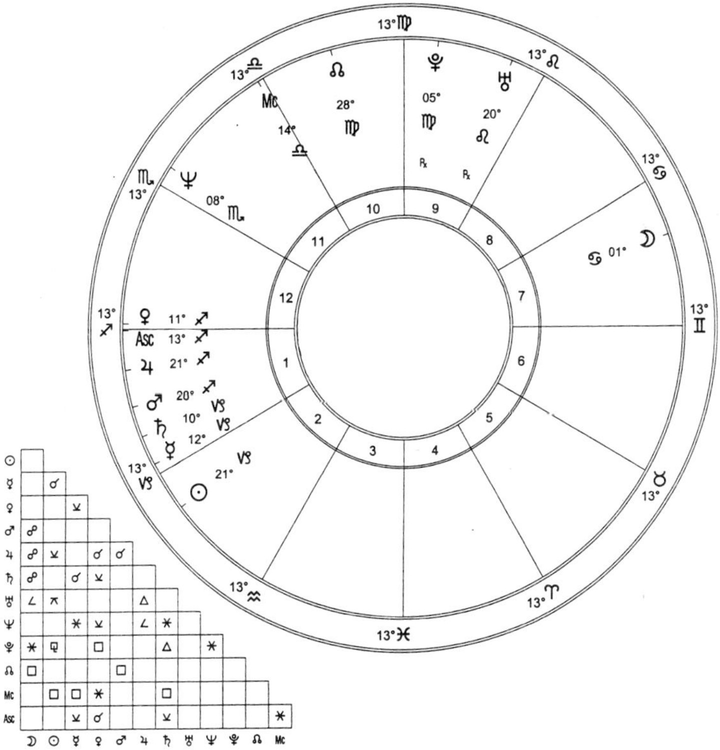

圖五：1960年1月12日上午5時30分於英國倫敦的出生圖。

- 主要有力相位。
- 位於四角的行星。

在本範例中：

- 上升星座是射手座。火星、土星及水星位於第一宮。
- 守護星是木星，而且與第一宮的上升點呈合相。
- 太陽位於摩羯座在第二宮，而月亮在巨蟹於第七宮。

主要的有力相位有：

- 月亮與火星、土星及木星對沖。
- 水星與土星合相。
- 金星與木星合相，並與冥王星呈四分相。
- 火星與木星合相。

位於四角的行星有：

- 金星及木星。

第十二章 打造自我改變計畫

就是為了這份愛，偉大的行者們世代以來一直修練瑜伽。
當這份愛覺醒時，上主就會把他們的靈魂吸引到面前來。

——古印度文獻

前面的章節已向你介紹了自我強化的占星學，以及要達到轉化及自我整合的特定技巧。而在這之前的一章中，你已找出了一些出生圖中的重大課題了，剩下來的，就是讓你選擇生命當中希望可以有所改善的一、兩個領域，並且建立相關的練習計畫。

本章將爲你示範如何選擇自己的重要課題，並以此擬訂能夠對潛能整合有所幫助的練習。雖然各種療癒方式的組合，能夠帶來強大的效果，你仍然可以憑個人的偏好以選擇使用特定的技巧。

舉例而言，肯定句就算單獨使用也有很好的效果，然而當它與觀想或是與水晶能量的技巧一併使用時，將會使得更強大的轉化性能量產生作用。

重新溫習一下，要達到整合自我的占星學運用有五個步驟，最終它們容許我們取得自己的神聖力量，並彰顯自己最高的命運。跟隨著這些步驟，我們將可以自然地體現出生圖中的最高潛能。

- 第一步包括發展對占星學的了解，對於星座、行星、宮位及相位，以及它們在神聖占星學中所扮演角色的認識。
- 第二步是學習強化能量的特定技巧，包括肯定句、祈禱文、觀想以及水晶能量轉化。能幫助你爲自己的心靈本質做出根本性的改變。
- 第三步是學習如何在出生圖中找出重大的課題及潛能。
- 第四步是以你的重大課題、模式以及內在的潛能爲中心，設計個人化的自我改變占星計畫。在這個過程當中，你必須決定要從哪一個生命領域著手，並從肯定句、祈禱文、觀想以及水晶能量轉化當中，選擇特定的練習或療癒方法，你也可以自行創造出個人化的練習及技巧。
- 第五步就是持續練習神聖占星學中的各種技巧。

很明顯的，目前我們是在第四步。現在正是你從出生圖的主題中找出一些特性或模式（由相位、四角的行星，日月的位置等等所象徵的）去著手。在做決定時，切記最重要的是，你對你生命需要改變的事物的那份直覺。

例如，假使你的內心深處想改變自己的關係模式（儘管其他人覺得你沒問題），那就尋找跟第七宮或是金星的位置或相位有關的主題。切記永遠跟隨直覺的反應並信任這個過程。

擬定強化能量計畫

看看上一章提供的出生圖範例（圖四），可以在出生圖中找出以下的重大課題。

- 上升星座及第一宮：上升雙魚座，沒有行星落入第一宮內。
- 守護星：守護星是海王星，落入天蠍第九宮。
- 太陽及月亮：太陽位於天秤第八宮，月亮在獅子第六宮。
- 有力相位：月亮與火星、水星及海王星呈四分相；金星與冥王星合相；水星與火星及海王星合相；火星與海王星合相。

• 位於四角的行星：冥王星在第七宮，金星在第七宮以及天王星在第六宮。

當一個人可以著手練習的課題有好幾個的時候，通常在現實上都是比較戲劇性並有問題的。很明顯的，這個人對於行使自己的權力、意志及力量時會遇到很大的抗爭（天蠍凸顯了冥王星以及在第八宮的太陽；月亮與火星、水星以及海王星呈四分相；守護星與火星合相）。

這一類的分布顯示出一個充滿了創傷、改變以及困難的生命。很確定的是這個個體的生命，對應在出生圖曼達拉中，此人生命原型中的掙扎及潛能的象徵，都在圖中被精確的標示出來。

就此人而言，與這些有力的行星配置有關的練習，會是一個很好的起點，特別是當其人已準備好去面對自己一些尚未解決的憤怒、控制的傾向、嫉妒、占有慾以及個人的權力的基本運用時。

以下的計畫可以作爲自我發現及轉型的開始。

占星強化能量範例

肯定句：

我被愛並知道如何去愛。

我以強大的意志力轉化我的生命。

我永遠準備好重頭開始。

我日復一日地淨化自己。

每天作此肯定，次數隨意。

（可以參考第八章冥王星及天蠍座的肯定句）。

祈禱文：

我召喚冥王星轉化的力量幫助我淨化我的意識。幫助我去愛並接納他人和自己。當你的力量進入時，我感到殘餘的憤怒、恐懼、不安全感以及嫉妒，都融進了鎮定、和平、接納以及完全的體諒當中。

每天作此祈禱三次。

觀想練習：

作整個星座呼吸、召喚你的太陽自我，以及行星彩虹之舞等觀想練習。

水晶：

找一只蛋白石及紅寶石做的銀戒子，象徵月亮—火星—金星—海王星的配置。戴在右手象徵自我對這些力量有意識的控制。

現在讓我們看看第二個範例出生圖（圖五），他的重大課題有以下象徵：

- 上升星座及第一宮：上升射手座，木星、火星、土星及水星都落入第一宮。

- 守護星：守護星是木星在射手座以及第一宮。

- 太陽及月亮：太陽位於摩羯第二宮，月亮在巨蟹第七宮。

- 有力相位：月亮與火星、土星及木星對沖；水星與土星合相；金星與木星合相並與冥王星呈四分相；火星木星合相。
- 位於四角的行星：木星在第一宮，金星在第十二宮。此人面對的課題，在於自我以及自我的認同（第一宮）、自信或欠缺自信（摩羯太陽及水星土星合相）、性能量的運用以及關係的模式（金星在上升被凸顯並與冥王星呈四分相）。另外，此人還必須學習許多課題，包括耐性、自我犧牲以及忠誠（月亮與火星、土星及木星對沖），和正確地運用資源（第二宮太陽及其相位）。

就此人而言，針對以上課題的練習及療癒，將自然而然帶來許多好處。

以下計畫可被用作自我整合占星潛能以及轉型的開始之用。

占星強化能量範例：

肯定句：

我建立物質的形式以與他人分享。

我保持堅強及自信。

我有吸引力及散發魅力。

我在物質面看見神性。

每天作此肯定，次數隨意。

祈禱文：

我召喚土星的力量，幫助我學習無私、耐性、忠誠以及責任。我尋求你的智慧，以幫助我建立美麗的規條，並學習生命的課題。

每天作此祈禱三次。

觀想練習：

練習整個十二星座呼吸法、行星彩虹舞蹈，以及金星冥王星平衡的觀想練習，每星期各一次。

水晶：

找一只祖母綠及紅寶石的金戒子，象徵金星及火星性能量的平衡。

現在是時候讓你自己擬訂自我改變的計畫了。現在你已發現自己出生圖上的重大課題了，所以並不如你想像中困難。再給你一些啓示並幫助你的臨門一腳，這裡有一些提示及關鍵要點。

在擬定及練習你的神聖占星學計畫時：

- 動機是最重要的，嘗試去純化你的欲望，尤其是在做練習時。
- 讓肯定句簡單、精確及正面。
- 每天重複肯定句及祈禱文。

• 永遠期待最正面的結果。

• 將情緒感受及強度放進你的練習當中，當你召喚星座及行星原型的力量時，讓你的心及靈魂投入進去。

• 儘量有創意並期待立即的結果。

• 假如結果沒有馬上出現，持續下去，不要在靈性轉化的過程中放棄。

• 時機是很重要的，請耐心等待。長期期盼後的純粹喜悅、啓示或轉化必定會到來，而你是命中注定會得到這些及其他禮物的。

• 自我改變的計畫不必要很費力及耗時。對肯定句一次簡單而有力的吟誦，就可以在意識之中製造出一個有活力及新鮮的生活模式，不必賣弄文筆，保持簡單所帶來的正面效果會讓你感到意外。

• 宇宙的力量迫不及待地想在過程中幫助我們，然而你必須先召喚它。

• 最後，祈求上主的恩賜吧！

當你在編織神聖靈魂煉金術的魔法時，切記：

• 你是不可能犯錯的，不用擔心犯錯。所有看起來是在判斷上的失誤、失敗以及錯誤，都不過是彰顯你最高的命運過程中的一部分而已。

• 神聖占星學應該是一個有趣及讓人興奮的過程。一如往常，信任過程。你永遠都是在更高自我的指引之下的。

• 你是投入在特定時間及空間的神聖原型，因此你是來圓滿此刻的需要的，而這一刻的需要自然會帶會來解決之道。

• 當你呼喚宇宙秩序的力量，並嘗試重獲你的神聖力量時，你的生命是眞正完全自主，並且跟你核心存在的原型模式相呼應的。

好了，我們已經接近這本占星學的尾聲了，在占星自我探索的旅程中，願天界的聖靈伴隨著你，並與你共舞。願你的旅程如同一位閃耀星光的煉金術士，被充滿奇蹟、啓發及有趣的煉金術所滿溢。願你最高及純粹的願望照耀你的前路，並願偉大光輝的主引領你在生命中所有的路上不斷前進。

願愛、光明及智慧充滿一切。

結語

占星學是宇宙智慧賜給我們的神奇禮物，能幫助我們呈現生命中和諧、秩序與美好。它以星座及行星的原型力量爲基礎，奇妙地透過它自己美麗及神聖的象徵語言——星星的密碼，來訴說著天體現象，以及我們所展現的生命模式之間的同步性關係。

如同所有的禮物，占星學也會被濫用或忽略，這端賴我們的作法而定。假如可以有智慧地使用占星學，它可以成爲我們最精緻的心靈轉化技巧，成爲象徵生活的靈魂煉金術。

行星及星座永恆地傳遞著希望及意義的訊息，給與這個極度需要這些意義的世界。星星們沉默而忠實地把這種宇宙的訊息散發出來，訴說著一種超越我們所理解的存在，並且體現著一種我們正在追求的愛與慈悲的生活方式。

透過占星學來重獲我們的力量，是一條心靈的道路，也是一條諒解的道路。每個人都可以藉由有意識地調整自己，以達成生命中重新驅動愛及創造性的力量。當我們用心及靈魂眞的抵達內在的星星時，我們將必然能圓滿最高的天命，成爲充滿星光的生命體。

占星詞彙

風相星座（air signs）：雙子、天秤、寶瓶。

四角（angles）：出生圖中最敏感及有影響力的四個點，亦是第一、四、七、十宮的始點（等宮體系除外）。

四角宮位（angular houses）：出生圖上的第一、四、七、十宮。

上升點（ascendant）：在出生時東方地平線上的黃道角度。每一度相隔約四分鐘，亦稱爲「上升星座」（rising sign）——第一宮的始點。

相位（aspect）：以地球爲中心，看行星及宮位的始點之間形成的角度關係。

占星治療師（astro therapist）：扮演著與心理治療師同等角色的占星元素。

出生圖（birth chart）：亦稱天宮圖（horoscope）、命盤（natal chart）、星盤（chart）等。

合相（conjunction）：兩個天體在黃道的同一點上，穿越彼此位置時形成的相位（零度）。

始點（cusp）：出生圖上分割宮位的界線，如第一宮的開始，稱爲「第一宮的始點」。

下降點（descendant）：上升點相對的一點，第七宮的始點。

土相星座（earth signs）：金牛、處女及摩羯。

黃道（ecliptic）：太陽行經天空的明顯路徑。

元素（elements）：火、土、風及水四大元素。

中天行星（elevated planets）：位於中天或天頂的行星，會呈現更強的力量及重要性。

神祕學（esoteric）：過去只傳授少數傳人或入門弟子的靈性教導。

火相星座（fire signs）：白羊、獅子及射手。

固定星座（fixed signs）：金牛、獅子、天蠍及寶瓶。

天宮圖（horoscope）：亦稱命盤或出生圖（birth chart）。

宮位（houses）：出生圖分割成的十二個部分。

天底（Imum Coeli, IC）：在出生圖上與中天相對的一點。

光明（lights）：指日月二星。

天頂（Medium Coeli, MC）：亦稱爲中天（midheaven）。

對沖（opposition）：兩行星形成一百八十度的相位。

容許度（orb）：決定相位影響力是否成立的角度範圍。

推運（progressions）：判斷個人循環的生命週期的一種方法。

上升行星（rising planet）：位置接近上升點的行星。

守護星（ruler）：守護上升星座的行星，亦稱爲出生圖之主（命主、lord of the chart）。

六分相位（sextile）：兩行星之間形成六十度的相位。

星座（signs）：黃道帶上的十二個星座。

四分相位（square）：行星間形成九十度的相位。

流年（transit）：行星目前在天上的位置，與我們出生圖上位置的關係。流年於判斷我們目前所處生命發展的歷程，是很重要的一件工具。

三分相位（trine）：兩行星的位置形成一百二十度的相位。

水相星座（water signs）：巨蟹、天蠍及雙魚。

黃道帶（zodiac）：以黃道爲中線兩邊各十八度寬圍繞天空的帶狀範圍。由十二個星座組成，各占三十度。

生命潛能出版圖書目錄

心靈成長系列		作者	譯者	定價
ST0101	創造生命的奇蹟	露易絲・賀	黃春華	200
ST0105	小丑的創造藝術	娜吉亞		160
ST0109	冥想的藝術	葛文	蕭順涵	130
ST0111	如何激發自我潛能	山口　彰	鄭清清	170
ST0114	擁舞生命潛能	許宜銘		180
ST0115	做自己的心理醫生	費思特	蔡素芬	180
ST0119	你愛自己嗎？	保羅	蘇晴	250
ST0122	影響你生命的十二原型	皮爾森	張蘭馨	350
ST0124	工作中的人性反思	柯萬	張金興	200
ST0125	平靜安穩	匿名氏	李文英	180
ST0126	豐富年年	波耶特	侯麗煬	280
ST0127	心想事成	葛文	穆怡梅	250
ST0131	沒有你我該怎麼辦？	米勒	許梅芳	130
ST0133	天生我材必有用	米勒＆梅特森	鄧文華	210
ST0136	一個幸福的婚禮	約翰・李	區詠熙	260
ST0137	快樂生活的新好男人	巴希克	陳蒼多	280
ST0138	人際雙贏	艾丹絲＆蘭茲	生命潛能	200
ST0139	通向平靜之路——根絕上癮行為的新認知法則	約瑟夫・貝利	黃春華	180
ST0140	心靈之旅	珍妮佛・詹姆絲	侯麗煬	200
ST0142	理性出發	麥克納	陳蒼多	200
ST0143	向惡言惡語挑戰	詹姆絲	許梅芳	220
ST0144	珍愛	碧提	黃春華	190
ST0145	打開心靈的視野	海瑟頓	鄧文華	320
ST0147	揭開自我之謎	戴安	黃春華	150
ST0148	自我親職——如何做自己的好父母	波拉德	鄧文華	200
ST0149	揮別傷痛	布萊克	喬安	150
ST0151	我該如何幫助你？	高登	高麗娟	200
ST0152	戒癮十二法則	克里夫蘭＆愛莉絲	穆怡梅	180
ST0153	電視心理學	早坂泰次郎＆北林才知		200
ST0154	自我治療在人生的旅程上	羅森	喬安	200
ST0155	快樂是你的選擇	維拉妮卡・雷	陳逸群	250
ST0156	歡暢的每一天	蘇・班德	江孟蓉	180
ST0157	夢境地圖	吉莉安・荷洛薇	陳琇／楊玄璋	200

ST0158	感官復甦工作坊	查爾斯・布魯克		180
ST0159	扭轉心靈危機	克里斯・克藍克	許梅芳	320
ST0160	創痛原是一種福分	貝佛莉・恩格	謝青峰	250
ST0161	與慈悲的宇宙連結	拉姆・達斯＆保羅・高曼	許桂綿	250
ST0163	曼陀羅的創造天地	蘇珊・芬徹	游琬娟	250
ST0165	重塑心靈	許宜銘		250
ST0166	聆聽心靈樂音	馬修	李芸玫	220
ST0167	敞開心靈暗房	提恩・戴唐	陳世玲／吳夢峰	280
ST0168	無為，很好	史提芬・哈里森	于而彥	150
ST0169	心的嘉年華會	拉瑪大師	陳逸群	280
ST0170	釋放焦慮七大祕訣	A.M.瑪修	蕭順涵	160
ST0172	量身訂做潛能體操	蓋兒・克絲&席拉・丹娜	黃志光	220
ST0173	你當然可以生氣	蓋莉・羅塞里尼&馬克・瓦登	謝青峰	200
ST0175	讓心無懼	蘭達・布里登	陳逸群	280
ST0176	心靈舞台	薇薇安・金	陳逸群	280
ST0177	把神祕喝個夠	王靜蓉		250
ST0178	喜悅之道	珊娜雅・羅曼	王季慶	220
ST0179	最高意志的修煉	陶利・柏肯	江孟蓉	220
ST0180	靈魂調色盤	凱西・馬奇歐迪	陳麗芳	320
ST0181	情緒爆發力	麥可・史凱	周晴燕	220
ST0182	立方體的祕密	安妮＆斯羅波登	黃寶敏	260
ST0183	給生活一帖力量—— 現代人的靈性維他命	芭芭拉・伯格	周晴燕	200
ST0184	治療師的懺悔—— 頂尖治療師的失誤個案經驗分享	傑弗瑞・柯特勒＆ 瓊恩・卡森	胡茉玲	280
ST0185	玩出塔羅趣味	M.J.阿芭迪	盧娜	280
ST0186	瑜伽上師最後的十堂課	艾莉絲・克麗斯坦森	林惠瑟	250
ST0187	靈魂占星筆記	瑪格麗特・庫曼	羅孝英／陳惠嬪	250
ST0188	催眠之聲伴隨你（新版）	米爾頓・艾瑞克森＆史德奈・羅森	蕭德蘭	320
ST0189	通靈工作坊—— 綻放你內在的直覺力與靈性潛能	金・雀絲妮	許桂綿	280
ST0190	創造金錢（上冊） ——運用磁力彰顯財富的技巧	珊娜雅・羅曼&杜安・派克	沈友娣	200
ST0191	創造金錢（下冊） ——協助你開創人生志業的訣竅	珊娜雅・羅曼&杜安・派克	羅孝英	200
ST0192	愛與生存的勇氣 ——自我關係療法的詮釋與運用	史蒂芬・吉利根	蕭德蘭、劉安康、 黃正頤 梁美玉等	320
ST0193	水晶光能啓蒙—— 礦石是你蛻變與轉化的資產	卡崔娜・拉斐爾	鄭婷玫	250
ST0194	神聖占星學—— 強化能量的煉金術	道維・史卓思納	張振林	250

奧修靈性成長系列		作者	譯者	定價
ST6001	成熟——重新看見自己的純真與完整	奧修	黃瓊瑩	280
ST6002	勇氣——在生活中冒險是一種喜悅	奧修	黃瓊瑩	300
ST6003	創造力——釋放內在的力量	奧修	李舒潔	280
ST6004	覺察——品嘗自在合一的佛性滋味	奧修	黃瓊瑩	300
ST6005	直覺——超越邏輯的全新領悟	奧修	沈文玉	280
ST6006	親密——學習信任自己與他人	奧修	陳明堯	250
ST6007	愛、自由與單獨	奧修	黃瓊瑩	300
ST6008	叛逆的靈魂——奧修自傳	奧修(精裝本定價500元)	黃瓊瑩	399
ST6009	存在之詩——藏密教義的終極體驗	奧修	陳明堯	320
ST6010	禪——活出當下的意識	奧修	陳明堯	250
ST6011	瑜伽——提升靈魂的科學	奧修	林妙香	280
ST6012	蘇菲靈性之舞——讓自我死去的藝術	奧修	沈文玉	320
ST6013	道——順隨生命的核心	奧修	沙微塔	300
ST6014	身心平衡——與你的身體和心理對話	奧修(附放鬆靜心CD)	陳明堯	300
ST6015	喜悅——從內在深處湧現的快樂	奧修	陳明堯	280
ST6016	歡慶生死	奧修	黃瓊瑩	300
ST6017	與先哲奇人相遇	奧修	陳明堯	300
ST6018	情緒——釋放你的憤怒、恐懼與嫉妒	奧修(附靜心音樂CD)	沈文玉	250
ST6019	脈輪能量書I ——回歸存在的意識地圖	奧修	沙微塔	250
ST6020	脈輪能量書II ——靈妙體的探索旅程	奧修	沙微塔	250
ST6021	聰明才智——以創意回應當下	奧修	黃瓊瑩	300
ST6022	自由——成為自己的勇氣	奧修	林妙香	280
ST6023	奧修談禪師馬祖道一——空無之鏡	奧修	陳明堯	280
ST6024	靈魂之藥—— 讓身心放鬆的靜心與覺察練習	奧修	陳明堯	250
ST6025	奧修談禪師南泉普願—— 靈性的轉折	奧修	陳明堯	280
ST6026	女性意識—— 女性特質的慶祝與提醒	奧修	沈文玉	220
ST6027	印度，我的愛—— 靈性之旅	奧修（附「寧靜乍現」VCD）	陳明堯	320
ST6028	奧修談禪師趙州從諗—— 以獅吼喚醒你的自性	奧修	陳明堯	250
ST6029	奧修談禪師臨濟義玄—— 超脫理性的師父	奧修	陳明堯	250
ST6030	熱情—— 真理、神性、美的探尋	奧修	陳明堯	280

健康種子系列		作者	譯者	定價
ST9001	身心合一	肯恩・戴特沃德	邱溫	250
ST9002	同類療法I—健康新抉擇	維登・麥凱博	陳逸群	250
ST9003	同類療法II—改善你的體質	維登・麥凱博	陳逸群	300
ST9004	抗癌策略	安・法瑞＆戴夫・法瑞	江孟蓉	220
ST9005	自我健康催眠	史丹利・費雪	季欣	220
ST9006	肢體療法百科	瑪加・奈思特	邱溫	360
ST9007	21世紀醫療革命:自然醫學	黃俊傑醫師		320
ST9008	靈性按摩	莎加培雅	沙微塔	450
ST9009	新年輕主義	大衛・賴伯克	黃伯慧	300
ST9010	腦力營養策略	史蒂芬・藍格& 詹姆士・席爾	陳麗芳	250
ST9011	飲食防癌	羅伯特・哈瑟瑞	邱溫	280
ST9012	雨林藥草居家療方	蘿西塔・阿維戈& 納丁・愛普斯汀	許桂綿	280
ST9014	呼吸重生療法	凱瑟琳・道林	廖世德	250
ST9015	印加能量療法	阿貝托・維洛多	許桂綿	280
ST9016	讓妳年輕10歲、多活10年	戴維・賴伯克	黃文慧	250
ST9017	身心調癒地圖	黛比・夏比洛	邱溫	320
ST9018	靈性治療的藝術	凱思・雪伍	林妙香	270
ST9019	巴哈花療法，心靈的解藥	大衛・威奈爾	黃寶敏	250
ST9020	解除疼痛—— 疼痛的自救處理方式	克利斯・威爾斯＆ 葛瑞姆・諾恩	陳麗芳	260
ST9021	逆轉癌症—— 恢復生命力的九大自療療程	席瓦妮・古曼 （附引導式自療冥想CD）	周晴燕	250

心理諮商經典系列		作者	譯者	定價
ST5001	佛洛伊德	麥可・雅各	于而彥	250
ST5002	羅傑斯	伯萊安・索恩	陳逸群	200
ST5003	波爾斯	克拉克森& 邁肯溫	張嘉莉	350
ST5004	伯恩	伊恩・史都華	邱溫	250
ST5005	艾里斯	約瑟夫・顏古拉& 溫蒂・德萊登	陳逸群	280
ST5006	克萊恩	茱麗亞・希格爾	陳逸群	250
ST5007	凱利	費・佛蘭賽拉	廖世德	300
ST5008	貝克	馬裘麗・韋夏	廖世德	300
ST5009	渥爾坡	羅傑・坡本	廖世德	350
ST5010	溫尼考特	麥可・雅各	于而彥、廖世德	320
ST5011	榮格	安・凱斯蒙	廖世德	300
ST5012	莫雷諾	保羅・黑爾& 君兒・黑爾	胡茉玲	250

親子教養系列		作者	譯者	定價
ST0301	愛、管教與紀律	戈登	傳橋	190
ST0302	52種幫助孩子建立 自尊自信的好方法	達蓋茲	蕭順涵	150
ST0303	阻礙孩子成長的母親	金盛浦子	鄭清清	190
ST0304	阻礙孩子成長的父親	金盛浦子	鄭清清	190
ST0307	養育出衆孩子的方法	愛蜜斯	蕭順涵	160
ST0309	虎父無犬子	馬克道威爾＆狄克・德	李文英	290
ST0310	孩子為什麼想自殺	克魯科	侯麗煬	170
ST0313	會思考的孩子是贏家	勞倫斯・葛林	黃寶敏	260
ST0314	創造孩子的快樂天堂	詹姆斯・加伯利諾	邱紫穎	220
ST0315	童心創意七十二變	露西雅・卡帕席恩	黃治蘋	180
ST0316	作孩子的心靈導師	狄巴克・喬布拉	游琬娟	140
ST0317	滋潤的愛	哈維爾・漢瑞克斯＆ 海倫・杭特	蕭德蘭	350
ST0318	孩子變壞了嗎？	史丹頓・沙門諾博士	邱溫	250
ST0319	孩子不是你的錯	羅絲瑪麗・史東斯	邱溫	160
ST0320	協助孩子了解死亡課題	喬依・強森	陳逸群	200
ST0321	讓孩子在自信中成長	艾迪絲・鄧肯	周晴燕	250
ST0322	激發孩子學習熱忱	朵娜・馬可娃＆安・波威爾	周晴燕	220
ST0323	讓你和孩子更貼心—— 現代父母效能訓練	湯瑪士・戈登博士	傳橋	280
ST0324	把孩子的快樂找回來—— 16個讓創傷孩童重綻笑靨 的心理輔導故事	賴瑞・高登博士	許桂綿	300

赤子心系列		作者	譯者	定價
ST7001	小孩眼中的世界	丹布隆	黃寶敏	200
ST7002	愛的守護天使	丹布隆	黃寶敏	200

心靈劇場系列		作者	譯者	定價
ST10001	追尋生命之網	李察・勞夫	于而彥	240
ST10002	啓動奇蹟	貝蒂・墨菲特	陳麗芳	特價199

美麗身心系列		作者	譯者	定價
ST80001	雙人親密瑜伽—— 用身體來溝通、分享愛和喜悅	米夏巴耶	林惠瑟	300

兩性互動系列		作者	譯者	定價
ST0201	讓愛陪你走一段	漢瑞克斯	蔡易玲	290
ST0202	滄桑後的天真	黃春華		150
ST0203	試婚	吳淡如		180
ST0204	尋找心靈的歸依處	約翰・李	黃春華	130
ST0207	影子配偶	狄妮絲・藍	鄧文華	350
ST0208	你這話是什麼意思？——終結伴侶間的言語傷害	派翠西亞・依凡絲	穆怡梅	220
ST0209	讓婚姻萬歲——愛之外的尊重與協商	貝蒂・卡特等	李文英	360
ST0210	非常親密元素	大衛＆珍・史杜普	謝青峰	280
ST0211	最佳親密戰友	珍・庫索＆黛安・葛拉罕	劉育林	250
ST0212	男人女人2分天下	克莉絲・愛維特	江孟蓉	200
ST0213	堅持原味的愛	賀夫和蓋兒・沛雷德	陳逸群	350
ST0214	背叛單身不後悔 I	哈維爾・漢瑞克斯＆海倫・杭特	李文英	250
ST0215	背叛單身不後悔 II	哈維爾・漢瑞克斯＆海倫・杭特	李文英	250
ST0216	女性智慧宣言	露易絲・賀	蕭順涵	200
ST0217	情投意合溝通法	強納生・羅賓森	游琬娟	240
ST0218	靈慾情色愛	許宜銘		200
ST0219	親愛的，我們別吵了！	蘇珊・奎蓮恩	江孟蓉	250
ST0220	彩翼單飛	雪倫・魏士德・克魯斯	周晴燕	250
ST0222	愛在高潮——跨越關係中的低潮、享受真愛	派特・洛芙	胡茉玲	250
ST0223	男女大不同：如何讓火星男人與金星女人相愛無礙	約翰・葛瑞	蘇晴	280
ST0224	男女大不同：身心健康對策：如何讓火星男人與金星女人活力煥發、甜蜜持久	約翰・葛瑞	許桂綿	320
ST0225	男女大不同：職場輕鬆溝通：如何讓火星男人與金星女人融洽共事、互信互助	約翰・葛瑞	邱溫＆許桂綿	320
ST0226	婚姻診療室：以現實療法破解婚姻難題	蓋瑞・查普曼	陳逸群	250
ST0227	愛的溝通不打烊——讓你的婚姻成為幸福的代名詞	瓊恩・卡森 唐恩・狄克梅爾	周晴燕	280

心靈成長系列94

神聖占星學——強化能量的煉金術

原著書名／Astrology for Self Empowerment：
Techiniques for Reclaiming your Sacred Power
作　　者／道維・史卓思納 (Dovid Strusiner)
譯　　者／張振林
總 編 輯／黃寶敏
執行編輯／郎秀慧、王美智
行銷經理／陳伯文
發 行 人／許宜銘
出版發行／生命潛能文化事業有限公司
聯絡地址／台北市信義區(110)和平東路3段509巷7弄3號1樓
聯絡電話／(02)2378-3399
傳　　真／(02)2378-0011
E-mail／tgblife@ms27.hinet.net
網　　址／http://www.tgblife.com.tw
郵政劃撥／17073315（戶名：生命潛能文化事業有限公司）
郵購九折，郵資單本50元、2-9本80元、10本以上免郵資

總 經 銷／吳氏圖書有限公司・電話／(02)3234-0036
內文排版／浩瀚電腦排版股份有限公司・電話／(02)2357-0399
印　　刷／承峰美術印刷・電話／(02)2225-7055

2006年5月初版
定價：250元
ISBN: 986-7349-28-8

國家圖書館出版品預行編目資料

神聖占星學：強化能量的煉金術／道維・史卓思納
(Dovid Strusiner)著；張振林譯. -- 初版. — 臺北市：
生命潛能文化, 2006〔民95〕
面；公分. --（心靈成長系列；94）
譯自：Astrology for Self Empowerment：Techiniques
for Reclaiming your Sacred Power
ISBN 986-7349-28-8（平裝）

1. 占星術 2. 自我實現（心理學）
292.22　　95006082